kurz gefasst

Literatur der Klassik

Sekundarstufe II

Udo Müller

Ernst Klett Verlag
Stuttgart Düsseldorf Leipzig

Die Deutsche Bibliothek – CIP-Einheitsaufnahme

Ein Titelsatz für diese Publikation ist bei
Der Deutschen Bibliothek erhältlich.

Auflage 5. 4. 3. 2. 1. | 2006 2005 2004 2003 2002
Die letzten Zahlen bezeichnen jeweils die Auflage und
das Jahr des letzten Druckes.

Dieses Heft folgt der reformierten Rechtschreibung.
Ausnahmen bilden Texte, bei denen philologische
Gründe einer Änderung entgegenstehen.
© Ernst Klett Verlag GmbH, Stuttgart 2002
Internetadresse: http://www.klett-verlag.de
E-Mail: klett-kundenservice@klett-mail.de
Druck: Druckhaus Götz GmbH, Ludwigsburg.
Printed in Germany.
ISBN 3-12-350613-4

Inhaltsverzeichnis

    Einleitung 4

1. Begriff und Merkmale des Klassischen 6
2. Klassizistische Kunst 8
3. Rückwendung zur Antike in der Kunstgeschichte 12
4. Wegbereiter: Aufklärung 14
5. Vorstufe: Sturm und Drang 19
6. Weimar als literarisches Zentrum 23
7. Goethes Italienreise 26
8. Schillers Jahrzehnt mit Goethe 30
9. Bildungskonzepte der Klassik 34
10. Idealistische Wendung der Philosophie 37
11. Autorenporträts 40
12. Goethe: *Iphigenie auf Tauris* – Humanität als Ziel 43
13. Goethe: *Wilhelm Meisters Lehrjahre* – Bildung des Menschen 46
14. Schiller: *Die Kraniche des Ibykus* – Macht der Kunst 48
15. Schiller: *Nänie* – Kunst als Verewigung 50
16. Schiller: *Maria Stuart* – Freiheit und Geschichte 52
17. Goethe: *Natur und Kunst* – Freiheit im Gesetz 54
18. Goethe: *Faust* – Der strebende Mensch 55
19. Rezeption der Klassik 60
20. Zeitleiste 62

Einleitung

Gibt es eine „Deutsche Klassik" überhaupt, oder ist die Annahme einer Literaturepoche dieses Namens eher als ein überholtes ideologisches Konstrukt zu betrachten?

So eifrig die offizielle Literaturgeschichtsschreibung, aber auch das alltägliche Bewusstsein der Deutschen im 19. Jahrhundert bis in die Zitate der Festredner hinein am Mythos der Klassik als der repräsentativen Gipfelepoche der deutschen Kultur bauten, so sehr ist dieser Mythos heute umstritten. Wer ihn angreift, kann sich auf einleuchtende Argumente berufen. Die imponierende Fassade zeigt Risse.

Schmale Basis der Weimarer Klassik

Da ist zunächst die auffällig kleine Zahl der Repräsentanten einer „Deutschen Klassik", die im Kern vor allem durch die beiden überragenden Autoren Goethe und Schiller, und selbst durch diese nur je in einer ganz bestimmten Phase ihres Schaffens getragen wird. Bedeutende Zeitgenossen kommen klassischer Kunstgesinnung jeweils nur in gewissen Tendenzen nahe, Wieland und Hölderlin etwa durch ihr prononciertes Interesse an der Antike, Kleist durch seinen Formwillen, Jean Paul, Herder und Humboldt durch ihr betontes Aufgreifen von Bildungs- und Humanitätsthematik. Andere Gruppen von Schriftstellern, wie etwa die Romantiker, halten Kontakt, aber vor allem Distanz zu den klassischen Tendenzen.

Auch die gesellschaftliche Basis der Klassik, ein kleines und relativ machtloses Herzogtum, das seine überkommenen Hofrituale am Rand der großen geschichtlichen Auseinandersetzungen um die neue Rolle einer bürgerlichen Kultur pflegt, erscheint ebenso schmal wie – vor dem Hintergrund der Mächte, die all die aufregenden geschichtlichen Umwälzungen um 1800 prägen – unzeitgemäß.

Schließlich gibt es keinerlei internationalen Konsens über die Annahme einer „Deutschen Klassik" als repräsentative Epoche; vielmehr herrscht aus gesamteuropäischer Sicht eher das Bild einer komplexen Zeitströmung vor, in der klassizistische, vor allem aber vielfältige romantische Komponenten zusammentreffen.

Klassik als Mythos oder Wirklichkeit?

Ein Literaturwissenschaftler bietet als Ausweg an,

> „den Terminus ‚Klassik' nur zu gebrauchen, wenn man ihn mit Zeichen für die eigene Zurückhaltung oder Distanzierung versieht, wenn man also mit einer sogenannten Klassik oder gar einer Klassik in Gänsefüßchen operiert" *(Hans-Georg Werner, Schiller-Jahrbuch 1988, S. 361).*

Problematik von Epochenbegriffen

Jedenfalls: Einem ständigen Mitdenken der latenten Fragwürdigkeit kann und darf man nicht ausweichen. Einen „Gänsemarsch der Epochen" gibt es ohnehin nur als Idealkonstruktion im Auge des ordnungsbedürftigen Betrachters. Epochenbegriffe insgesamt – und ganz besonders der einer „Deutschen Klassik"! – sind gerade keine unveränderlichen Kategorien. Sie sind vielmehr komplexe begriffliche Orientierungshilfen, ihrerseits historisch entstanden und wechselnden Beleuchtungen ebenso wie der fortschreitenden Diskussion unterworfen. Darin liegt ihre prinzipielle Fragwürdigkeit, aber auch ihre praktische Brauchbarkeit.

In diesem Sinn behält auch die Annahme, es habe in Deutschland eine Klassik gegeben, ihre Gültigkeit. Was gegenüber früheren plakativen Lobpreisungen abhanden gekommen ist, ist der explizite oder stillschweigende Anspruch auf Ausschließlichkeit. Am gerechtesten wird man den wirklichen Verhältnissen der Zeit um 1800 vielleicht, wenn man von „Weimarer Klassik" spricht und damit schon im Begriff zu erkennen gibt, dass es um *eine* von einem Zentrum ausgehende literarisch-geistesgeschichtliche Strömung geht, die von anderen gleichzeitigen in einem komplexen Kraftfeld umspielt wird.

> *Die Bezeichnung der Epoche um 1800 als Klassik ist fragwürdig, weil sie nicht einen einheitlichen Zeitstil beschreibt, sondern aus einer Vielzahl sich überlagernder kultureller Tendenzen nur eine Strömung herausgreift. Diese hat aber durch ihre an der Antike orientierte Gedankenwelt und ihre literarischen Werke das deutsche Kulturbewusstsein bis ins 20. Jahrhundert so nachhaltig geprägt, dass sich auch ihre Kritiker (etwa Büchner, Hauptmann, Brecht) noch in der polemischen Ablehnung weithin an ihr orientieren.*

Die vorliegende kurze Darstellung versucht die grundlegenden Begriffe und Positionen in ihrem kulturgeschichtlichen Rahmen zu klären, Vorbereitung, Entstehung und Phasen der klassischen Zeit aufzuzeigen und die nötigsten Informationen zu den zentralen Autoren und einigen besonders wichtigen, typischen und traditionsprägenden Werken zu vermitteln. Das alles ist nicht ohne Auswahl und Einschränkung möglich. So muss etwa auf die Darstellung der musikalischen Klassik verzichtet werden. Sollte die Knappheit der Darstellung Lust auf mehr Information wecken, so wäre das erwünscht; die Literaturhinweise auf S. 64 nennen Bücher zur weiteren und vertiefenden Orientierung.

Begriff und Merkmale des Klassischen

Das Wort *klassisch* leitet sich vom lateinischen Adjektiv *classicus* ab, das im römischen Steuerrecht die Bürger der ersten, d.h. höchsten Steuerklasse bezeichnete. Später wurde der Begriff auf die Literatur übertragen.

Bedeutung des Adjektivs „klassisch"

1. sich auf die griechisch-römische Antike beziehend (*die klassischen Sprachen – ein klassisches Profil*);
2. traditionellen Maßstäben entsprechend (*die klassische Musik*);
3. vorbildlich, idealtypisch (*eine klassische Formulierung – ein klassischer Reinfall*);
4. zur Epoche der Klassik gehörend (*Schillers klassische Lyrik – die klassische Überzeugung vom Vorrang der*

Kern all dieser Bedeutungsvarianten ist die Vorstellung des Modellhaften, Vollendeten, Wertvollen, Gültigen, das als Maßstab zu verwenden ist.

Klassik und Klassizismus

Das Klassische ist im Übrigen nicht auf Literatur beschränkt. Es findet sich im gesamten kulturgeschichtlichen Kontext von Epochen, die im Rückgriff auf antike Modelle ihre Ausdrucksformen bestimmen. In der Architektur und Malerei ebenso wie in der Gebrauchskunst (Möbel usw.) greift man eher, manchmal etwas abwertend, zum Begriff *Klassizismus*; in der Musik dagegen, in der es nicht um den Rückgriff auf die Tradition, sondern um Neuentwicklung geht, spricht man von der (*Wiener*) Klassik.

Noch im Deutschland des 18. Jahrhunderts wird das Adjektiv *klassisch* vorwiegend in der Bedeutung von *zur Antike gehörend* gebraucht. Klassische Schriftsteller sind daher zunächst noch die vorbildlichen Autoren der Antike. Goethe und Schiller selbst haben sich niemals als klassische Schriftsteller bezeichnet. Die Annahme einer „Deutschen Klassik" als Gipfelepoche der deutschen Nationalliteratur, die sich mit diesen beiden Spitzenautoren verbindet, tritt erstmals 1842 bei dem Literaturhistoriker G.G. Gervinus auf und wird dann in großem Stil von dem auf nationale Glorie bedachten Wilhelminischen Kaiserreich gepflegt.

Klassische Zeitalter in Griechenland, Rom, Italien, England, Spanien und Frankreich

Innerhalb des europäischen Kulturkreises spricht man von *klassischen Zeitaltern* bei Epochen, die kulturelle Höhepunkte bezeichnen und einen Kreis bedeutender Autoren hervorgebracht haben. Das trifft in Griechenland zu auf das *Zeitalter des Perikles* um das 5. vorchristliche Jahrhundert (Sophokles – Euripides), in Rom auf die *Augusteische Klassik* um die Zeitenwende (Vergil – Horaz – Ovid), in Italien auf die *Renaissance* im 14. – 16. Jahrhundert (Dante – Petrarca – Boccaccio – Ariost – Tasso), in England auf das *Elisabethanische Zeitalter* um 1600 (Marlowe – Shakespeare – Ben Johnson), in Spanien auf das *Siglo de oro* (Cervantes – Calderón) und in Frankreich auf das *Siècle classique* (Molière – Corneille – Racine – La Fontaine) im 17. Jahrhundert. – In Deutschland, das seine *Klassik* zuletzt erlebt, spricht man gelegentlich auch mit Bezug auf die Blütezeit um 1200 (Walther von der Vogelweide – Gottfried von Straßburg – Wolfram von Eschenbach – Hartmann von Aue) von der *Staufischen Klassik*.

Literarische und künstlerische Werke aus ganz verschiedenen Zeiten können als Ausprägungen des Klassischen gelten, weil sie über die historisch erklärbaren Unterschiede hinweg gemeinsame Merkmale aufweisen.

Rückgriff auf Stoffe und Themen der Antike	Figuren wie Iphigenie, Penthesilea, Antigone	**Merkmale und Beispiele klassischer Gestaltung**
Orientierung an antiken Gattungen und formalen Gestaltungsweisen	Tragödie – Epos – Ode – Elegie; Distichon – Stichomythie	
Gestaltung des Modellhaften, Typischen, Vorbildlichen, Gesetzmäßigen, Bedeutsamen	Figuren als Repräsentanten geschichtlicher oder philosophischer Prinzipien	
Vermeidung des Zufälligen, Nebensächlichen	Stilisiertes Bühnenbild ohne unwesentliche Details	
Darstellung, aber auch Ausgleich von Polaritäten	Konflikte von symbolischer Bedeutung (Mann – Frau)	
Menschenbild des Maßes und der Würde	Hoher sozialer Rang, hohes Bewusstsein, Verantwortung	
Zielpunkt der Humanität als harmonische Entfaltung der Kräfte	Versöhnung (Schauspiel) oder Einsicht in Schuld (Tragödie)	
Strenge und Perfektion der künstlerischen Gestaltung	Symmetrische Form – Konsequenz und Strenge der Strophenformen	
Vorrang gebundener, regelmäßiger und geschlossener Formen vor individuellen und expressiven Formen	Vers vor Prosa – Vorrang regelmäßiger Versformen – komplizierte, anspruchsvolle Syntax – reiche Metaphorik	

2 Klassizistische Kunst

Merkmale klassizistischer Bauten

Antiken Baumustern in der Architektur wandte man sich in Deutschland wie in anderen Ländern Europas schon seit Mitte des 18. Jahrhunderts zu, vorbereitet durch die Bauten des italienischen Architekten Andrea Palladio im 16. Jahrhundert und gefördert durch den Beginn der Ausgrabung antiker Stätten in Herculaneum (1711) und Pompeji (1748). Typisch für klassizistische Bauten sind antike Elemente wie die *Säulenreihe*, oft als ein dem Eingang vorgelagerter *Portikus*, und der *Giebel in Dreiecksform*, die strenge Betonung der waagrechten und senkrechten Gliederung und die symmetrische, klar gestufte Durchgestaltung der Baukörper mit dem Effekt monumentaler Wirkung. Zierformen werden nur sparsam verwendet. Durch all diese Gestaltungsformen wendet sich der Klassizismus von der nun als pompös, unübersichtlich und überladen empfundenen, auf raffinierte illusionistische Effekte setzenden Baukunst des Barock ab.

Bedeutende deutsche Architekten des Klassizismus/ Hauptwerke

Karl Friedrich Schinkel (1781 – 1841)	*Neue Wache – Schauspielhaus – Altes Museum* (Berlin)
Leo von Klenze (1784 – 1864)	*Propyläen* (München) – *Walhalla* (Donaustauf)
Karl Gotthard Langhans d. Ä. (1732 – 1808)	*Brandenburger Tor* (Berlin)

Karl Friedrich Schinkel
Schauspielhaus in Berlin
1818 –1821

Schinkels Bau am Berliner Gendarmenmarkt weist alle wesentlichen Gestaltungselemente des architektonischen Klassizismus auf

Klassizistische Kunst

In Abgüssen und Stichen waren bedeutende Werke der antiken Bildhauerkunst dem europäischen Publikum des 18. Jahrhunderts schon zugänglich, bevor die Künstler des Klassizismus sich nach der Jahrhundertmitte bewusst in ihre Nachfolge stellten. Inhaltlich (idealisierende Darstellung des Menschen in seiner Würde und Schönheit) und formal (fest umrissene Gestalt im Raum, Verzicht auf Farbe als Ausdrucksmittel) entspricht die Plastik den inneren Tendenzen klassizistischer Kunstgesinnung mit ihrem Ordnungswillen noch mehr als andere Künste, z.B. die Malerei mit ihren

Bedeutende Bildhauer des Klassizismus / Hauptwerke

Antonio Canova (1757 – 1822)	*Pauline Bonaparte als Venus* (1808)
Johann Heinrich Dannecker (1758 – 1841)	*Friedrich Schiller* (1794) – *Ariadne auf dem Panther* (1814)
Bertel Thorvaldsen (1768 – 1844)	*Hebe* (1806) – *Ganymed* (1817)
Johann Gottfried Schadow (1746 – 1850)	*Prinzessinnengruppe* (1797)

Johann Heinrich Dannecker
Friedrich Schiller Gewandbüste aus Gips, 1794

Haltung, Kleidung, Haartracht richten sich nach antiken Modellen

Klassizistische Kunst

Johann Gottfried Schadow
*Prinzessinnengruppe: Luise und Friederike von Preußen
Gips, 1797*

Überpersönliche Stilisierung und Distanz

unmerklichen Übergängen, die Musik mit ihren verklingenden Harmonien. Die klassizistische Malerei zeigt ihre Orientierung an der Antike schon dadurch, dass sie mit Vorliebe historische und mythologische Szenen und Figuren oder klassisch-heroische Landschaften gestaltet. Klassischen Prinzipien wird sie aber auch in der Strenge ihrer Darstellungsform gerecht. In den oft vielfigurigen Bildern werden die einzelnen Figuren scharf umrissen (oft fast wie im statuarischen Nebeneinander eines Frieses) vor einem neutral-symbolischen Hintergrund präsentiert.

Bedeutende Maler des Klassizismus/ Hauptwerke	Jacques Louis David (1748 – 1825)	*Der Schwur der Horatier* (1784) *Die Krönung Napoleons I* (1808)
	Joseph Anton Koch (1768 – 1839)	*Landschaft mit Ruth und Boas* (1804)
	Angelika Kauffmann (1741 – 1807)	*Der Tod der Alkestis* (1790)
	Johann Heinrich Wilhelm Tischbein (1751 – 1829)	*Goethe in der Campagna* (1786 – 1788)

Klassizistische Kunst 11

Franz Gerhard von Kügelgen
Ariadne auf Naxos
Öl, 1793

Pathetische Pose in aufgewühlter Landschaft

> Klassizistische Architektur ist in den repräsentativen Bauten Europas, aber auch zahlreicher außereuropäischer Länder von Amerika bis Russland bis heute prägendes Element des Erscheinungsbilds der Residenzen und Großstädte.
> Die klassizistische Bildhauerei, die schon durch die beherrschenden antiken Vorbilder repräsentativen Rang hatte, findet auch in der Gegenwart noch starke Beachtung.
> Dagegen ist die klassizistische Malerei heute nur noch in wenigen Gipfelwerken bekannt.

Rückwendung zur Antike in der Kunstgeschichte

Wiederentdeckung der antiken Kunst

Das Einsetzen des Kults der Antike, wie er seit der 2. Hälfte des 18. Jahrhunderts das kulturelle Bewusstsein in Deutschland mehr und mehr prägte, markiert Johann Joachim Winckelmanns Schrift „*Gedanken über die Nachahmung der Griechischen Werke in der Malerey und Bildhauerkunst*" (1755). Zwar war es vorher auch ohne das damals noch strapaziöse, gefährliche und zeitraubende Aufsuchen der griechischen und römischen Stätten schon möglich, sich ein Bild der Antike zu machen; die eindrucksvollen, durch raffinierte Hell-Dunkel-Effekte dramatisch wirkenden Darstellungen antiker Bauten und Ruinen, wie sie der italienische Baumeister und Kupferstecher Giambattista Piranesi (*Vedute di Roma,* 1748) schuf, erregten in ganz Europa Aufsehen.

Mannheimer Antikensaal

In Deutschland waren Abgüsse antiker Statuen vor allem im berühmten *Mannheimer Antikensaal,* den Kurfürst Karl Theodor für die Zeichenakademie eingerichtet hatte, schon seit 1753 zu sehen. Goethe reiste dorthin 1769 als Zwanzigjähriger und war tief beeindruckt von den Gipsabgüssen der *Laokoongruppe* und des *Apoll vom Belvedere.*

Übertragungen der „Ilias" und der „Odyssee"

Zahlreiche literarische Werke griffen das Bild der Antike auf, wie es Winckelmanns Schriften und die in Abgüssen oder Stichen der Anschauung zugänglichen Kunstwerke boten. So begann in den letzten Jahrzehnten des 18. Jahrhunderts eine Flut von Übersetzungen der antiken Epen, Dramen und Lyrik zu erscheinen. Die grundlegenden Vorbilder abendländischer Epik, Homers „*Ilias*" und „*Odyssee*", in denen die Geschehnisse um den Untergang Trojas und um die abenteuerliche Heimfahrt des Odysseus im Widerspiel göttlicher Kräfte und menschlichen Handelns episodenreich dargestellt sind, wurden von vielen Autoren neu übertragen. Dabei wurde der Weg von sprachlich freien Übersetzungen zu immer kunstvollerer und genauerer Nachbildung der antiken Versform des Hexameters beschritten, wie in den zuerst 1781 (*Odyssee*) und 1793 (*Ilias*) erschienenen, von Auflage zu Auflage verbesserten Übertragungen von Johann Heinrich Voß

Große Wirkungen knüpften sich an die in Mannheim als Abguss zugängliche *Laokoongruppe.* Sie ist zwar, wie man heute weiß, ein Produkt der hellenistischen Spätzeit der griechischen Bildhauerkunst, wurde aber um 1800 noch als repräsentatives Werk der großen klassischen Periode der griechischen Kultur verstanden.

Die Gruppe, 1506 wieder aufgefunden, stellt eine Episode aus dem Krieg um Troja dar: Der Priester Laokoon, der die Trojaner vor dem hölzernen Pferd warnte, wird auf göttliches Geheiß mit seinen Söhnen von drei Schlangen getötet. Gestaltet ist das (alles andere als „klassisch"!) in einer pathetisch aufgegipfelten Diagonalkomposition, die das kraftvolle Aufbäumen des Vaters gegen das Erliegen der Söhne setzt und schon formal widerstreitende Spannungen schafft (Vater und jüngerer Sohn sinken nach links hinten, der ältere Sohn versucht sich nach rechts vorn zu befreien).

Rückwendung zur Antike in der Kunstgeschichte

Laokoongruppe, 1. Jh. vor Chr. *Abguss mit Ergänzungen des 18. Jh.*

J. J. Winckelmann *Radierung von Angelika Kaufmann, 1764*

Die gedämpfte Darstellung des Schmerzes, wie sie der Kopf des Laokoon zeigt, wurde zum Anlass, die Ausdrucksmittel der verschiedenen Künste in ihrer Funktionalität zu klären und damit ein wichtiges Fundament für die ästhetischen Anschauungen der Klassik zu legen. Winckelmann schrieb dazu 1755 in seinen *„Gedanken über die Nachahmung der Griechischen Werke in der Malerey und Bildhauerkunst"*:

> „Das allgemeine vorzügliche Kennzeichen der griechischen Meisterstücke ist endlich eine edle Einfalt, und eine stille Größe, so wohl in der Stellung als im Ausdrucke. So wie die Tiefe des Meers allezeit ruhig bleibt, die Oberfläche mag noch so wüten, eben so zeiget der Ausdruck in den Figuren der Griechen bey allen Leidenschaften eine grosse und gesetzte Seele."

Winckelmanns Bestimmungen „edle Einfalt" und „stille Größe" als Formel für das Bild der Klassik vom antiken Menschen

Damit war in bemerkenswerter Verkennung des gerade *nicht* „ruhigen", sondern (bis auf Laokoons Gesicht) ekstatisch aufgewühlten Ausdrucks der Figurengruppe eine durchaus fragwürdige, aber enorm folgenreiche Formel für das vom 18. Jahrhundert angenommene Bild vom griechischen Menschen geprägt.

> *Mit Winckelmanns Aufenthalt in Rom seit 1755 und dann verstärkt mit Goethes Italienreise 1786/87 erhielt das deutsche Interesse an der Antike seine entscheidenden Impulse, wurde aber auch bis weit ins 19. Jahrhundert auf ein bestimmtes Verständnis („edle Einfalt und stille Größe") festgelegt.*

4 Wegbereiter: Aufklärung

Werte der Bürgerlichkeit

Die Aufklärung ist eine gesamteuropäische geistige und literarische Bewegung, die das 18. Jahrhundert und besonders dessen zweite Hälfte bestimmt. Entsprechend Kants berühmter Bestimmung „Aufklärung ist der Ausgang des Menschen aus seiner selbstverschuldeten Unmündigkeit" (1783) ist die Aufklärung eine Epoche des Rationalismus, die aus kritischer Grundhaltung den Maßstab der menschlichen Vernunft an die Stelle vorgegebener Autoritäten setzt. Bürgerliche Autoren wenden sich an ein bürgerliches Lesepublikum und propagieren dabei bürgerliche Werte: Anliegen wie Emanzipation, Toleranz, Kampf gegen ungeprüfte Vorurteile und Streben nach vernunftbestimmtem Fortschritt werden in allen Lebensbereichen verfolgt.

Lessing als Vollender der Aufklärung und Wegbereiter der Klassik in Deutschland

Das aufklärerische Stilideal wendet sich ab von den pompös-repräsentativen Gestaltungsweisen des vorhergehenden Barock und setzt auf Klarheit, Einfachheit und Natürlichkeit. Es herrscht ein starkes Bedürfnis, die literarischen Formen und Möglichkeiten kritisch zu überprüfen und im Licht der Vernunft neu zu begründen. Damit arbeitet die Aufklärung dem Bedürfnis der Klassiker nach einer strengen, philosophisch fundierten und kritisch abgesicherten Bestimmung der überkommenen literarischen Ausdrucksformen vor. Zentral ist dabei in Deutschland das Werk des Schriftstellers, Kritikers und Dramatikers Gotthold Ephraim Lessing (1729 – 1781).

Begründung der Ästhetik (Wissenschaft vom Schönen) aus den Bedingungen der Kunstmedien

Unter dem Eindruck von Winckelmanns Deutung (vgl. S. 13), aber auch in kritischer Abgrenzung von ihr greift Lessing in neuer Sichtweise die Frage auf, warum der Schmerz Laokoons in der plastischen Darstellung seines Gesichts eher gedämpft erscheint, während der Epiker Vergil seine Priesterfigur ungehemmt schreien lässt. Seine bedeutende Untersuchung „*Laokoon oder über die Grenzen der Malerei und Poesie*" (1776) führt den Unterschied auf die verschiedenen Bedingungen der jeweiligen Kunstmedien Bild bzw. Sprache zurück: Während die bildnerische Darstellung Körper im *räumlichen Nebeneinander* zeigt, gibt dichterische Sprache Handlungen im *zeitlichen Nacheinander* wieder. So kann der Epiker auch Momente der äußersten Hässlichkeit (also etwa Laokoons Schmerzgeschrei) schildern, weil sie vorüber gehen und in der Aufeinanderfolge durch andere Momente relativiert werden. Der bildende Künstler aber, der ja nur *einen* Moment festhalten kann, muss das gerade vermeiden, weil sonst ein unerträglich extremer Augenblick das Bild des Betrachters völlig bestimmen würde. Lessing schreibt im 3. Kapitel:

G. E. Lessing
Laokoon oder die Grenzen der Malerei und Poesie,
1776

„Kann der Künstler von der immer veränderlichen Natur nie mehr als einen einzigen Augenblick (...) brauchen; sind aber ihre Werke gemacht, nicht bloß erblickt, sondern betrachtet zu werden, lange und wiederholtermaßen

> betrachtet zu werden: so ist es gewiß, daß jener einzige Augenblick und einzige Gesichtspunkt dieses einzigen Augenblickes, nicht fruchtbar genug gewählet werden kann. Dasjenige aber nur allein ist fruchtbar, was der Einbildungskraft freies Spiel läßt. Je mehr wir sehen, desto mehr müssen wir hinzu denken können. (...) Wenn Laokoon also seufzet, so kann ihn die Einbildungskraft schreien hören; wenn er aber schreiet, so kann sie von dieser Vorstellung weder eine Stufe höher, noch eine Stufe tiefer steigen, ohne ihn in einem leidlichern, folglich uninteressantern Zustande zu erblicken."

Lessings scharfsinnige, in federnd argumentierender Prosa geschriebene Bestimmung der Möglichkeiten und Grenzen der einzelnen Kunstmedien hat auf das zeitgenössische Publikum – gerade auch auf den jungen Goethe – starke Wirkung erzielt und durch die damals neue Art des souveränen dialektischen Hin- und Herführens zwischen Annahme und Einwand, konkretem Befund und abstrahierender Spekulation eine Grundlage geschaffen für die Beschäftigung der Klassiker mit einer an der Antike orientierten Ästhetik und Theorie der Dichtkunst. Diese fand ihre Höhepunkte später in Goethes Aufsatz „*Einfache Nachahmung der Natur, Manier, Stil*" (1788) und Schillers „*Kallias-Briefen*" (1793) mit ihrer Begründung eines klassischen Stilbegriffs; mit Schillers Schrift „*Über naive und sentimentalische Dichtkunst*" (1795), die die literarischen Gattungen geschichtsphilosophisch einordnet; schließlich mit der großen Auseinandersetzung über die Gesetze des Epischen und des Dramatischen in Goethes Briefwechsel mit Schiller (vgl. S. 32).

Grundlagen für Goethes und Schillers Schriften zur Ästhetik

Gotthold Ephraim Lessing
Porträt von G.O. May, 1767

Totenmaske, 1781

Als Dramatiker hat Lessing sein bürgerlich-aufklärerisches Emanzipationsdenken in der Form des Bürgerlichen Trauerspiels („*Miß Sara Sampson*", 1755 – „*Emilia Galotti*", 1772) gestaltet und wurde damit zu einem Kultautor der Sturm-und-Drang-Generation. Positionen, wie sie die Klassiker später beziehen werden, sind eher vorgeprägt in „*Nathan der Weise*" (1779). Dieses mit der ausweichenden Gattungsbezeichnung „Dramatisches Gedicht" versehene Werk steht am Beginn einer Reihe von Schauspielen: *Schauspiel* hier nicht allgemein als Theaterstück, sondern im engeren Sinn verstanden als eine Variante der Tragödie, bei der ein potenziell tragischer Konflikt nicht bis zur Katastrophe getrieben, sondern am Ende überwunden wird. Eine Form, die dem (letzten Endes ja auf den Ausgleich von Gegensätzen bedachten!) Weltbild der Klassik entgegen kommt und in Goethes „*Iphigenie*", Kleists „*Prinz Friedrich von Homburg*" und Schillers „*Wilhelm Tell*" seine repräsentativen klassischen Gestaltungen gefunden hat!

Schauspiel als versöhnliche Variante der Tragödie

An den Anfang dieser Reihe und damit zur Vorgeschichte der Klassik gehört Lessings „*Nathan der Weise*", in dem sich die Ideen von Humanität und Toleranz exemplarisch durchsetzen. Die Nähe der in Jerusalem, dem umkämpften Schnittpunkt von Christentum, Judentum und Islam, spielenden Handlung zur Tragödie ist offensichtlich. Von Anfang bis Ende besteht die Dimension sittlichen Ernstes. Intoleranz steht als schicksalhafte Macht über der Zentralfigur des Juden Nathan, dessen Söhne religiösem Fanatismus zum Opfer gefallen sind. Aber dann erweisen sich die zur Katastrophe treibenden Kräfte eben doch nicht als unverrückbares Verhängnis, sondern als menschliche Fehlhaltungen, denen mit der Waffe aufklärender Vernunft (formal: der gleichnishaften Rede in der berühmten *Ringparabel*) begegnet werden kann. So wird am Ende Versöhnung erreichbar. Wenn sich zuletzt verwandtschaftliche Bindungen zwischen den um Nathan gruppierten Hauptfiguren des Schauspiels herausstellen (die als Jüdin aufgezogene Recha, der christliche Tempelherr und der Moslem Saladin sind Glieder einer einzigen Familie), verweist das deutlich darauf, dass hier eine ursprünglich angelegte Harmonie nur durch die Krise einer Verwirrung gegangen ist, aber in Wahrheit immer bestanden hat. Tragödie ist zum Schauspiel mutiert, weil die Humanitätsidee des Werks alle Wirrnis fanatischer Verblendung überstrahlt. Dies und das Vertrauen in die Kraft der Einsicht erweckenden, das Gegenüber erreichenden Rede verbindet „*Nathan*" unmittelbar mit Goethes Humanitätsdrama „*Iphigenie*". Ein Auszug aus der Szene II, 5, in der es Nathan gelingt, den Tempelherrn für seine allgemein menschliche Botschaft der Toleranz zu gewinnen, zeigt das exemplarisch (siehe S. 17).

Lessings „Nathan der Weise" als Ausdruck toleranten Humanitätsdenkens

Es ist wie eine Bestätigung von Lessings Rolle als Vorläufer der Klassik, dass er mit dem „*Nathan*" auch den Blankvers für das deutsche Drama durchsetzt (erstmals verwendet hatte ihn schon Ch. M. Wieland in seinem Märtyrer-Trauerspiel „*Lady Johanna Gray*", 1758). Die Ausdrucksmöglichkeiten des Blankverses werden gerade an dem gewählten Szenenauszug deutlich: Der Blankvers ist als fünfhebiger reimloser Jambus frei von

Blankvers (fünfhebiger reimloser Jambus) als Vers des klassischen Dramas

Tempelherr:	(...)	**G. E. Lessing**
	Ihr wißt, wie Tempelherren denken sollten.	*Nathan der*
Nathan.:	Nur Tempelherren? Sollten bloß? Und bloß,	*Weise, 1779*
	Weil es die Ordensregeln so gebieten?	2. Aufzug,
	Ich weiß, wie gute Menschen denken; weiß	5. Auftritt
	Daß alle Länder gute Menschen tragen.	
Tempelherr:	Mit Unterschied doch hoffentlich?	
Nathan:	Ja wohl;	
	An Farb', an Kleidung, an Gestalt verschieden.	
Tempelherr:	Auch hier bald mehr, bald weniger als dort.	
	Mit diesem Unterschied ist's nicht weit her.	
	Der große Mann braucht überall viel Boden;	
	Und mehrere, zu nah' gepflanzt, zerschlagen	
	Sich nur die Äste. Mittelgut, wie wir,	
	Find't sich dagegen überall in Menge.	
	Nur muß der eine nicht den andern mäkeln.	
	(...)	
Tempelherr:	Wenn hat, und wo die fromme Raserei,	
	Den bessern Gott zu haben, diesen bessern	
	Der ganzen Welt als bessern aufzudringen,	
	In ihrer schwärzesten Gestalt sich mehr	
	Gezeigt, als hier, als jetzt? Wem hier, wem jetzt	
	Die Schuppen nicht vom Auge fallen ... Doch	
	Sei blind, wer will! – Vergeßt, was ich gesagt,	
	Und laßt mich! (Will gehen.)	
Nathan:	Ha! Ihr wißt nicht, wie viel fester	
	Ich nun mich an Euch drängen werde. – Kommt,	
	Wir müssen, müssen Freunde sein! – Verachtet	
	Mein Volk so sehr Ihr wollt. Wir haben beide	
	Uns unser Volk nicht auserlesen. Sind	
	Wir unser Volk? Was heißt denn Volk?	
	Sind Christ und Jude eher Christ und Jude	*Plädoyer für*
	Als Mensch? (...)	*Toleranz*

der Gestelztheit des im barocken Drama noch üblichen schwerfälligen Alexandriners (sechshebiger Jambus mit Zäsur in der Mitte) und ermöglicht geschmeidigen Sprachfluss und natürliche Betonung. Das wird erreicht, indem einzelne Verse auf die Dialogpartner aufgeteilt werden können, indem individuelle Betonungen (etwa die intensivierende Wiederholung in „*Wir müssen, müssen Freunde sein*") ohne Bruch möglich sind, indem die Reimlosigkeit eine fast prosanahe Zwanglosigkeit des Tons erleichtert. Durch das gleichwohl immer spürbare regelmäßige Alternieren zwischen betonten und unbetonten Silben schafft der Blankvers aber doch einen rhythmisch gehobenen, deutlich von der Nüchternheit bloßer Prosa unterscheidbaren Sprachton. So wird er dann zum repräsentativen Vers des klassischen Dramas. Die großen dialogischen Auseinandersetzungen in Goethes „*Iphigenie*" und „*Tasso*", in Schillers „*Don Carlos*" und „*Wallenstein*" sind ohne den von Lessing für die dramatische Verssprache geschaffenen argumentativen Schliff des Blankverses kaum vorstellbar.

Wieland: Schrifsteller zwischen Aufklärung und Klassik

Das Beispiel Lessing zeigt, wie die Aufklärung – jedenfalls dort, wo sie ihre höchste Reife erreicht – in ihrem Streben nach einem an der Antike orientierten Humanismus und in ihren literarischen Kunstmitteln der Klassik vorarbeitet und in diesem Sinn in sie übergeht. Das bestätigt auch das Werk Christoph Martin Wielands (1733 – 1813), der schon seit 1772 als Prinzenerzieher in Weimar wirkte und dem sich dort 1775 etablierenden jungen Goethe mit menschlicher Souveränität den ersten Platz am „Musenhof" überließ. Wieland war ein außerordentlich produktiver Schriftsteller, in dessen vielseitigem Schaffen die damals einflussreiche und geschmacksbildende Zeitschrift „*Teutscher Merkur*" neben Theaterstücken und Singspielen, erotischen Verserzählungen, Romanen und Übersetzungen antiker Autoren und Shakespeares steht. Wieland, der in seiner profunden Kenntnis der Antike weit entfernt war von Winckelmanns verengender Stilisierung, vielmehr die ganze Breite antiker Lebensformen, gerade auch in ihren graziösen und spielerisch geistreichen Zwischentönen, kannte und in seinem literarischen Schaffen spiegelte, galt lange Zeit als ein bloßer Vorläufer der Klassik. Wenn auch anerkennend verbucht wurde, dass er mit seinem Roman „*Die Geschichte des Agathon*" schon 1766/67 Goethes späterem Typus des Entwicklungsromans („*Wilhelm Meister*") aufregend nahe gekommen war – in seiner entspannten, manchmal auch frivolen Weltläufigkeit wurde er doch eher der literarischen Zeitmode des Rokoko als dem weihevollen inneren Kreis der ernsthaften Klassik zugeordnet. Eine Bewertung, die vor allem der verfälschenden Glorifizierung der Klassik im 19. Jahrhundert zu verdanken ist. Sie wird weder Wielands Qualitäten als Schriftsteller gerecht noch der Tatsache, dass er mancherlei Anliegen Goethes und Schillers (etwa das Erreichen einer auf breitere Schichten von Gebildeten ausstrahlenden ästhetischen Kultur) ohne programmatisches Pathos, aber mit kritischer Sympathie und beträchtlicher Wirkung auf gleicher Höhe vertrat.

> *Die Aufklärung hat der Klassik durch ihre Orientierung an überpersönlichen Regeln für Lebensführung und Kunst und durch ihr Anliegen der Vervollkommung des Menschen den Weg bereitet. Anders als die Klassik sieht sie aber das Ziel des Vollkommenen nicht in einer vergangenen Zeit der Harmonie vorgeprägt, sondern als Ergebnis eines von Vernunft geleiteten Fortschritts.*

5 Vorstufe: Sturm und Drang

Als Friedrich Maximilian Klinger (1752 – 1831) sein wildes Schauspiel mit dem treffenden Arbeitstitel „Der Wirrwarr" 1776 unter dem Titel „Sturm und Drang" erscheinen ließ, gab es einer Bewegung junger Genies und solcher, die sich dafür hielten, den bis heute üblichen Namen. Als wichtigste Autoren der *Geniezeit* (auch diese Bezeichnung war gängig) gelten neben Klinger selbst Herder, Goethe und Schiller, jeweils in ihrer Frühphase, ferner J. M. R. Lenz (1751 – 1792), Wilhelm Heinse (1746 – 1803), Heinrich Leopold Wagner (1747 – 1779) und einige weitere, durchweg Angehörige der um 1750 geborenen Generation. Anregungen empfingen sie vor allem von dem älteren „Magus des Nordens" Johann Georg Hamann (1730 – 1788) und dem Physiognomiker Johann Caspar Lavater (1741 – 1801).

_{Autoren des Sturm und Drang}

Die Literaturgeschichte hat sich lange mit dem epochalen Gegensatzpaar Aufklärung / Sturm und Drang aufgehalten und die Kontraste säuberlich aufgelistet – hier Rationalismus, Buchgelehrsamkeit und abgeklärt kritischer Geist; dort Gefühlskult, Naturbegeisterung und jugendlicher Überschwang. Dieses Gegensatzmodell ist aber eine fragwürdige Konstruktion und befriedigt mehr schulmäßige Einteilungssucht, als dass es geschichtlich fassbare Wirklichkeit träfe. Neuere Forschungen weisen es als Simplifikation zurück und gliedern den Sturm und Drang als einen radikalen Ausläufer in die Spätphase der Aufklärung ein. Die Gründe dafür sind vielfältig. So lässt sich die Aufklärung z.B. nicht nur auf *reinen* Rationalismus festlegen. Zu den betont rationalistischen Positionen, wie sie innerhalb der im 18. Jahrhundert tonangebenden französischen Kultur vor allem Voltaire vertritt, steht in Spannung das wache Interesse am Menschen als emotionalem Wesen, wie es besonders Jean-Jacques Rousseau (1712 – 1778) pflegt – neben Shakespeare folgerichtig der Abgott des Sturm und Drang!

Sturm und Drang als Ausläufer, nicht Gegensatz der Aufklärung

Für die Vorgeschichte der Klassik ist der Sturm und Drang nicht nur deshalb wichtig, weil der junge Goethe mit dem Schauspiel „*Götz von Berlichingen*", dem Roman „*Die Leiden des jungen Werthers*" und seiner Straßburger Lyrik seine beherrschende Zentralfigur war und auch der junge Schiller zumindest mit dem Erstlingsstück „*Die Räuber*" und dem bürgerlichen Trauerspiel „*Kabale und Liebe*" dem Sturm und Drang nahe stand. Vielmehr verändert der Sturm und Drang in vieler Hinsicht aufklärerische Denkweisen so, dass sie in dieser neuen Form im Hegelschen Sinn in der Klassik „aufgehoben" werden.

Grundlegend ist dabei die entschiedene, emphatisch vorgetragene und bis zur Rebellion getriebene *Aufwertung des Individuellen*. Für aufklärerisches Denken gilt als beherrschendes Regulativ die Vernunft. Sie ist universell, gilt also für alle Menschen gleichermaßen. Was von ihr abweicht, ist Unvernunft und als solche kritisch zu widerlegen. (Auch Kants Beschränkung menschlicher Erkenntnis auf die Erfahrung meint nicht etwa die subjektive, von der anderer Menschen möglicherweise abweichende

Befreiung des Individuums von der überpersönlichen Vernunft

Erfahrung des *einzelnen* Menschen, sondern die *allen* Menschen in gleicher Weise zugängliche Erfahrung!) Dieses an der *Gattung* Mensch orientierte Denken bricht im Sturm und Drang auf. Statt dessen kommt der Mensch als ganzheitliches Individuum in den Blick, das nicht mehr in die vorgegebenen überpersönlichen Normen passt und dessen Entfaltung der eigenen Kräfte daher die Form der Rebellion gegen bestehende Regeln annehmen muss. Von hier aus erklärt sich die Begeisterung der Stürmer und Dränger für Kraftnaturen und Figuren der Auflehnung im geschichtlichen und mythischen Raum wie Götz von Berlichingen, Faust, Mahomet, Prometheus. Exemplarischen Ausdruck hat sie in Goethes großer Ode „*Prometheus*" (1774) gefunden, aus der die erste, die vierte und die letzte Strophe folgen:

J. W. Goethe
Prometheus,
1774

Bedecke deinen Himmel, Zeus,
Mit Wolkendunst!
Und übe, dem Knaben gleich,
Der Disteln köpft,
An Eichen dich und Bergeshöhn!
Mußt mir meine Erde
Doch lassen stehn,
Und meine Hütte, die du nicht gebaut,
Und meinen Herd,
Um dessen Glut
Du mich beneidest.

(...)

Wer half mir
Wider der Titanen Übermut?
Wer rettete vom Tode mich,
Von Sklaverei?
Hast du's nicht alles selbst vollendet,
Heilig glühend Herz?
Und glühtest jung und gut,
Betrogen, Rettungsdank
Dem Schlafenden da droben?

(...)

Hier sitz' ich, forme Menschen
Nach meinem Bilde,
Ein Geschlecht, das mir gleich sei,
Zu leiden, zu weinen,
Zu genießen und zu freuen sich,
Und dein nicht zu achten,
Wie ich!

Entfaltung der
eigenen Kräfte

Johann Heinrich Füssli
Prometheus Federzeichnung laviert, um 1770/71

Die kurz vor Goethes Ode entstandene Zeichnung zeigt Prometheus, dem der von Zeus gesandte Adler die Leber zerfleischt, in trotzig-qualvoller Verkrümmung

Aufschlussreich ist ein Vergleich des Gedichts – das in der blasphemisch aufbegehrenden Wendung des Empörers Prometheus gegen den Göttervater Zeus für sich selbst spricht – mit Schillers hochklassischer Elegie „Nänie" (vgl. S. 50 f.): Beide Gedichte beziehen sich auf Gestalten der griechischen Mythologie und stellen die Frage nach deren Behauptung in der göttlich geregelten Welt. Bei Goethe stellt sich eine Figur in trotziger Selbstbehauptung der göttlichen Weltordnung entgegen und beansprucht selbst die Schöpferrolle („*forme Menschen/Nach meinem Bilde*"). Bei Schiller wird gerade aus der *Reihung* herbeizitierter mythologischer Gestalten deutlich, dass sie allesamt einem Gesetz, dem der Vergänglichkeit, unterliegen. Wo es dem jungen Goethe des Sturm und Drang um Auflehnung gegen das Gesetz und Selbstbehauptung des starken Individuums geht, fügt der klassische Schiller die individuellen Schicksale gerade in das überindividuelle Gesetz ein und gesteht ihnen ein Überleben nur im ästhetischen Bereich zu. Bezeichnend sind auch die sprachlichen Unterschiede: Goethes leidenschaftlich bewegter freirhythmischer Vers setzt sich über alle vorgegebenen metrischen Ordnungen hinweg bis hin zu den beiden gleichsam trotzig eingerammten Hebungen, die ganz allein (!) den letzten Vers „*Wie ich*" bilden – individuelle geprägte Form von äußerster Ausdruckskraft! Dagegen bewegt sich Schiller ganz im Rahmen der Ausdrucksmöglichkeiten des vorgegebenen und streng beachteten elegischen Versmaßes – und erreicht *auch* ein Gedicht von größter Sprachgewalt!

Goethes „Prometheus" und Schillers „Nänie" im Vergleich

In den Umkreis des Sturm und Drang und seiner Wertschätzung des Individuellen gehört als bleibende Leistung Herders Auffassung der Geschichte, wie er sie in seinem Werk „*Auch eine Philosophie der Geschichte zur Bildung der Menschheit*" (1774) entwickelt. Sie wendet sich gegen den vul-

Herders Geschichtsphilosophie: Entwicklung statt Vervollkommnung

gär-aufklärerischen Glauben an einen in der Geschichte sich immer weiter vollziehenden Fortschritt, der die Epochen der Vergangenheit zu bloßen Vorstufen degradiert und so z.B. im Mittelalter nur finstere Rückständigkeit zu sehen vermag. Nach Herders zukunftsweisender Auffassung bedeutet der Gang der Geschichte nicht zunehmende Vervollkommnung, sondern Entwicklung. In vielstimmiger, individueller Entfaltung schreiben sich die verschiedenen Völker und Kulturen, die alle den „Mittelpunkt ihrer Glückseligkeit in sich selbst" haben, in die Menschheitsgeschichte ein und bringen so ihren je eigenen, unverwechselbaren und in diesem Sinn unüberholbaren Beitrag zur gottgewollten Humanität. Von hier aus entsteht ein ganz neues, die einzelnen Erscheinungen liebevoll betrachtendes und nicht von überlegener Warte aburteilendes Interesse an vergangenen Epochen, auf dessen Basis erst so geschichtsgesättigte Werke wie Goethes „*Faust*" oder Schillers „*Wallenstein*" möglich werden.

Bewahrung des Individuums in der Klassik

Aber auch für das Bild des einzelnen Menschen, seiner Möglichkeiten und seiner Zielrichtungen ergeben sich Akzente, die erst aus dem Durchgang durch das Individualitätsdenken des Sturm und Drang erklärbar sind und die man als eine neue Sensibilität für die Würde des Individuums beschreiben kann. Wie das der Aufklärung kennt das klassische Menschenbild wieder Ordnungen und Gesetze, die über dem Einzelnen herrschen (insofern nimmt es die maßlosen Überspitzungen, die es im Sturm und Drang auch gibt, zurück). Aber diese sind ihm nicht gegeben, sondern aufgegeben; sie *brauchen* gerade den außerordentlichen Einzelnen zu ihrer Verwirklichung und verleihen ihm so einen ganz neuen Rang. Goethes Figur der Iphigenie (vgl. S. 43 ff.) ist dafür ein bezeichnendes Beispiel: Sie vollzieht nicht einfach, was die Vernunft verlangt, sondern sie bringt die Auflösung bedrohlicher Gegensätze als moralische Leistung aus sich hervor. Oder, andererseits, Goethes Romanfigur des Wilhelm Meister (vgl. S. 46 ff.): Sie durchläuft keine vorgegebene Entwicklung im Sinn einer festgelegten „Vervollkommnung", sondern sie findet in einem individuellen, so für *diesen* und keinen anderen Menschen sinnvollen, dabei auch über produktive Irrtümer führenden Entwicklungsgang ihren Weg.

> *Das leidenschaftliche Emanzipationsstreben des bürgerlichen Individuums spricht sich im Sturm und Drang als Spätphase der Aufklärung aus. Von solchen Positionen geht Goethe ebenso wie Schiller aus. In ihrer klassischen Schaffenszeit betonen beide jedoch eher die Grenzen, die dem Menschen gesteckt sind.*

6 Weimar als literarisches Zentrum

Schauplatz und Nährboden des klassischen Zeitalters der deutschen Literatur ist die thüringische Kleinstadt Weimar, die zugleich Residenz des Herzogtums Sachsen-Weimar-Eisenach war; von den Verehrern der Klassiker alsbald zum *Musenhof* stilisiert, durch den respektlosen „rasenden Reporter" Egon Erwin Kisch später boshaft als *Treibhaus* tituliert.

Die Fakten, bezogen auf die letzten Jahrzehnte vor 1800, sind ernüchternd: Weimar hat damals rund 700 Häuser, viele mit Scheunen und Ställen, und etwa 6000 Einwohner; vier bewachte Stadttore und einen Nachtwächter; wenige Geschäfte, einige Gasthöfe, behelfsmäßige Handwerkerläden; das Schloss, das seit dem Brand im Jahr 1774 noch bis 1790 eine Ruine war; die Herzogsfamilie, die noch zur Zeit von Goethes Ankunft in geräumten Bürgerhäusern Hof gehalten und das Essen mangels Kochstelle über die Straße bezogen hatte; seit 1791, aufbauend auf Vorformen, das Hoftheater. Die Straßen sind von Hühnern, Ziegen und Schweinen belebt, morgens und abends werden sie von Kühen und Ackerwagen benutzt. Erst ab 1803 gibt es eine regelmäßige Verbindung zur Postkutsche Erfurt – Leipzig. Noch 1820 werden in der ‚Schätzungsrolle' nur 114 Personen zur Oberschicht gezählt. Damit muss man sich wohl Herders Urteil anschließen, der Weimar „ein Mittelding zwischen Dorf und Stadt" genannt hat. So kümmerlich sieht das Fundament der deutschen Klassik aus. Der Geist, so scheint es, hat in Deutschland seinen Ort im Abseits – Zentrum der französischen Klassik war der Hof des Sonnenkönigs in Paris/Versailles, Zentrum der englischen Klassik das elisabethanische London ...

Kleinstädtisches Weimar um 1800

Dies der eine Blickwinkel. Es gibt einen anderen, der ebenso unbezweifelbar Realität trifft. Das bescheidene Städtchen Weimar war schon lange vor 1800 kulturell bedeutsam. Der Maler Lucas Cranach hatte hier bis zu seinem Tod 1553 gewohnt, die „Fruchtbringende Gesellschaft" war hier 1617 als erster deutscher Sprachverein gegründet worden, der Komponist Johann Sebastian Bach hatte hier 1708 – 1717 als Hoforganist und Konzertmeister gewirkt. Und auch nach der klassischen Blütezeit verbinden sich fortwirkende kulturelle Konzepte mit Weimar. Franz Liszt hat hier seit 1848 gewohnt, als Kapellmeister gewirkt und Pläne für den Ausbau zu einem Musikzentrum verfolgt; Wagners „*Lohengrin*" und Berlioz' „*Béatrice et Bénédict*" wurden hier uraufgeführt, der kranke Nietzsche hat hier die letzten Jahre seines Lebens verbracht, und mit dem „Staatlichen Bauhaus" wurde Weimar von dessen Gründung (1919) bis zur Übersiedlung nach Dessau (1925) zu einem Zentrum moderner Kunst und Formgestaltung, das zahlreiche avantgardistische Künstler (Gropius, Feininger, Kandinsky, Klee, Schlemmer) anzog. Wenn sich daher die erste deutsche Republik (Zusammentreten der verfassunggebenden Nationalversammlung am 6. Februar 1919 im Weimarer Nationaltheater, Verabschiedung der neuen Reichsverfassung am 31. Juli) als „Weimarer Republik" verstand, so war die Berufung auf Weimar ein bewusster programmatischer Rückgriff

Weimar vor und nach der klassischen Zeit

auf die fortdauernden, durch Nationalismus und Militarismus nur zeitweise überdeckten humanistisch-kulturellen Traditionen der deutschen Geschichte, die sich mit dieser bescheidenen Stadt als „Hauptstadt des Geistes" mehr als mit einer der großen Metropolen verbinden. Was für eine grausige Ironie der Geschichte, dass kaum zwei Jahrzehnte später ausgerechnet vor den Toren Weimars das Konzentrationslager Buchenwald angelegt wurde, eine der großen nationalsozialistischen Todesfabriken!

Herzogin Anna Amalia als Begründerin des klassischen Weimar

Die eigentlich klassische Zeit Weimars erhält ihre maßgebenden Impulse durch die Herzogin Anna Amalia. Sie hat seit ihrer Ankunft 1756 als jung vermählte Siebzehnjährige für kulturelle Impulse gesorgt und, schon nach zwei Jahren verwitwet, mit Energie, Ehrgeiz und Gestaltungswillen die Regentschaft für den kaum einjährigen Erbprinzen Carl August übernommen. In dieser Position, damals für eine noch dazu blutjunge Frau schwer genug auszufüllen, hat sie unter schwierigen und materiell kärglichen Bedingungen Theaterleben und Bibliothekswesen und zugleich die Jenaer Universität gefördert. Vor allem aber hat sie eine Reihe begabter Schriftsteller und Künstler an ihren Hof zu ziehen gewusst und mit ihnen höchstpersönlich so etwas wie eine literarische Geselligkeitskultur geschaffen.

Die vier Großen des klassischen Weimar:
– Wieland
– Goethe
– Herder
– Schiller

Eine besonders glückliche Hand bewies Anna Amalia 1772 mit der Verpflichtung des bereits berühmten, aber noch auf der Suche nach einer gesicherten Versorgung mit Freiraum für literarische Aktivität befindlichen Christoph Martin Wieland (vgl. S. 40.) als Erzieher für den Erbprinzen. Der entscheidende Griff gelang ihr jedoch 1775 mit der Wahl des jungen, durch den Riesenerfolg der *Leiden des jungen Werthers* gleichfalls schon als großes literarisches Talent ausgewiesenen Johann Wolfgang Goethe. Er kommt – am 17. November 1775 – zunächst als Gast und Gesellschafter des mündig gewordenen jungen Herzogs Carl August, wird aber schon kurz danach zum Entsetzen konservativer Hofkreise mit Ämtern von steigender Bedeutung betraut. Mit dem Wirken Wielands und Goethes, dieser beiden Repräsentanten der geistigen Dynamik der Epoche, die ja zwischen geistvoll abgeklärter Spätaufklärung und aufbrechendem Geniekult oszilliert, ist der Grund für den Mythos vom „Musenhof" gelegt und die Anziehungskraft Weimars für weitere große Schriftsteller entstanden. Schon 1776 erhält Johann Gottfried Herder, Goethe schon aus seiner Straßburger Studienzeit bekannt, auf dessen Vermittlung das vakante Amt des Generalsuperintendenten (obersten Geistlichen) in Weimar. Schiller schließlich tritt 1789, wieder auf Goethes Veranlassung, eine Professur in Jena an; 1799 dann übersiedelt er mit seiner Familie nach Weimar, wo er – wie Wieland, Goethe und Herder – bis zu seinem Lebensende bleibt.

Um diese vier übermächtigen Leitfiguren der klassischen Zeit Weimars gruppieren sich zahlreiche weitere Persönlichkeiten mit je eigener Bedeutung, die ganz oder längere Zeit hier lebten und das klassische Weimar mitprägten. So etwa der Verleger, Schriftsteller und Fabrikant Friedrich Justin Bertuch (1747 – 1822), der Baumeister Clemens Wenzeslaus Coudray (1775 – 1845), der Arzt und Verfechter der Makrobiotik Christoph Wil-

J.G.S. Rösel
*Goethes Wohnhaus am Frauenplan in Weimar
Aquarell über Graphit, 1828*

helm Hufeland (1762 – 1836), die Romanschriftstellerin Johanna Schopenhauer (1766 – 1838), ferner der als Märchenbearbeiter bekannt gewordene Johann Carl August Musäus (1735 – 1787). Und dann gab es, angezogen vom rasch sich entwickelnden Glanz Weimars und vom europäischen Nimbus des alten Goethe, Scharen von Besuchern, die sich länger in Weimar aufhielten oder auch nur kurz Visite machten. Die Namen reichen von den – rasch wieder verscheuchten – ungebärdigen Weggenossen Goethes aus der Sturm-und-Drang-Zeit wie Jakob Michael Reinhold Lenz und Friedrich Maximilian Klinger bis zu dem damals höchst erfolgreichen Romanautor Jean Paul und romantischen Künstlern wie Felix Mendelssohn Bartholdy, Carl Gustav Carus, Bettina von Arnim, Ludwig Achim von Arnim und Heinrich Heine, aber auch ausländischen Bildungsreisenden wie Nikolai M. Karamsin, William M. Thackeray und zahllosen anderen. Noch zu Lebzeiten des alten Goethe setzte ein wahrer Besucherstrom und damit die Verwandlung Weimars in ein Museum und in eine Kult- und Wallfahrtstätte ein.

Randfiguren und Besucher des klassischen Weimar

> *Der Weimarer Hof hat die Entstehung der klassischen Werke Goethes und Schillers begünstigt, indem er ihnen in einer Zeit, in der Schriftsteller kaum von ihren Werken leben konnten, ein vom täglichen Broterwerb relativ entlastetes Dasein bot – um den Preis einer deutlichen Distanz von den sozialen Problemen ihrer Zeit.*

7 Goethes Italienreise

Goethes Weg vom handstreichartig implantierten jungen Exzentriker bis zur allseits verehrten Autorität war verschlungen und führte über vielerlei Etappen, auch schmerzlich erfahrene. Da war in den ersten zehn Jahren zwischen 1776 und 1786 die Bürde der Ämter mit wachsendem Einfluss und zunehmender Verantwortung. Goethe, 1779 zum Geheimen Rat ernannt und 1782 geadelt, hat seine politische Tätigkeit anfangs durchaus genossen, die ja in einer Weise dem Sturm-und-Drang-Ideal des wirkungsmächtigen Handelns entsprach. Seine Pflichten reichten von dem (letztlich erfolglosen) Versuch, dem maroden weimarischen Bergbau aufzuhelfen, bis zur Aufsicht über den Wegebau und der Aushebung von Rekruten für die Kriegskommission. Seit 1782 war er – als ständiges Mitglied des *Geheimen Conseil* – mit der Leitung der Kammer und der Aufsicht über das Steuerwesen betraut. Schon wegen der drückenden Haushaltsmisere blieb der Spielraum jedoch begrenzt, und die literarische Produktion des ersten Weimarer Jahrzehnts war schmal. Persönlich verstrickte sich Goethe in ein beiderseits glutvoll erfahrenes Liebesverhältnis ohne reale Erfüllung zu der älteren, kultivierten Hofdame Charlotte von Stein, die keineswegs an ein Ausbrechen aus ihrer standesgemäßen Vernunftehe dachte, dafür aber im vertraulichen Umgang mäßigenden und insgesamt wohl „erzieherischen" Einfluss auf das stürmische junge Genie nahm. Ersatzhandlungen wie ein leidenschaftlicher (nur teilweise erhaltener) Briefwechsel und das ständige Übersenden kulinarischer Liebesgaben vom Hammelbraten bis zum Spargel bestimmen das Bild dieses problematischen Verhältnisses.

Goethes Stellung in Weimar bis zur Italienreise

So summierten sich für Goethe bei all dem glanzvollen Aufstieg und trotz des vertrauensvollen Verhältnisses zum jungen Herzog Carl August die Erfahrungen von Verzicht und Belastung und trieben ihn schließlich zum Ausbruch aus den gewohnten Bahnen. Dieser fand statt, als er früh morgens am 3. September 1786 von Karlsbad aus über Regensburg, München und den Gardasee nach Oberitalien abfuhr – völlig überraschend für die Menschen seiner Umgebung, mit denen er gerade noch seinen 37. Geburtstag gefeiert hatte. Nach eigener stilisierender Darstellung überstürzt „nur einen Mantelsack und Dachsranzen aufpackend", in Wirklichkeit nach vorbereitender Lektüre, unter Hinterlassung sorgfältiger Instruktionen für seinen Diener und eines unterschriebenen Vertrags für seinen Verleger, mit finanziellen Regelungen, mit ausgewählten Manuskripten im Gepäck. So stellt sich die Italienreise als eine von mehreren inszenierten *Fluchten* Goethes aus bedrängender Situation dar, ganz vergleichbar den früheren plötzlichen Abreisen aus Sesenheim und dem Liebesverhältnis zu Friederike Brion, Wetzlar und der Leidenschaft für Charlotte Buff, Frankfurt und dem Verlöbnis mit Lili Schönemann. Dazu passt auch, dass Goethe zunächst incognito als „Maler Philipp Möller" reist. Bald freilich siegt der Mitteilungsdrang, und Goethe hält Charlotte von Stein ebenso wie den Herzog in ausführlichen Briefen und Tagebuchnotizen über seine

Die Italienreise als Flucht

Erfahrungen auf dem Laufenden, nicht ohne die spätere Verwertung dieser Texte gleich mit zu bedenken ...

Stationen der Italienreise

Die äußeren Stationen der Italienreise, die fast zwei Jahre dauerte, führen über München, Verona, Vicenza, Padua, Venedig, Ferrara, Bologna, Florenz, Perugia und Assisi zunächst nach Rom. Dort nimmt Goethe Quartier bei dem deutschen Maler Tischbein und bewegt sich im Kreis deutscher Künstler (u.a. J. Philipp Hackert, der ihn im Zeichnen unterweist; Angelika Kauffmann, die sein Porträt malt) und Schriftsteller (u.a. Karl Philipp Moritz, den er nach einem Reitunfall wochenlang pflegt). Im Februar 1787 reist Goethe nach Neapel, zum Vesuv, nach Paestum, hält sich bis zum Mai in Sizilien auf. Den Frühsommer verbringt er wieder in Neapel und kehrt dann nach Rom zurück. Dort bleibt er, mit Unterbrechungen durch kürzere Reisen in die Umgebung, bis zum 23. April 1788, um dann zusammen mit dem Musiker Kayser über Florenz, Mailand, Como, Konstanz und Nürnberg nach Weimar zurückzukehren, wo er am 18. Juni eintrifft.

Goethes „Wiedergeburt"

Wichtig für die Entwicklung der klassischen Gedankenwelt sind jedoch die inneren Erfahrungen Goethes auf antikem Boden. Sie werden von ihm als „Wiedergeburt die mich von innen heraus umarbeitet" (Brief an Charlotte von Stein, 20. Dezember 1786) empfunden und transformieren sein Lebensgefühl und Weltverständnis in vielfacher Hinsicht.

Zunächst bringt das Erlebnis Italiens die Begegnung eines Menschen, der sich zunehmend als „nordischer Hypochonder" in einer kalten, engen, freudlos-pflichtbestimmten Welt sah, mit sinnenfrohem südländischem Leben. Goethe staunt über das spontan mitgehende Theaterpublikum:

> „Die Zuhörer riefen Bravo, klatschten und lachten. Wenn man auch vor seiner Nation so stehen und sie persönlich belustigen dürfte! Wir geben unser Bestes schwarz auf weiß: jeder kauzt sich damit in eine Ecke und knopert daran, wie er kann" *(22. September 1786).*

Wilhelm Tischbein
„Das verfluchte zweite Küssen" (Goethe in seinem römischen Zimmer am Corso) Federzeichnung, 1786/87

Tischbeins Zeichnung zeigt Goethe in heftiger Bewegung inmitten seiner Bücher und Kunsterwerbungen

Intensiv erlebt Goethe das südliche Licht:

Neues Lebensgefühl

„Es ist offenbar, daß sich das Auge nach den Gegenständen bildet, die es von Jugend auf erblickt, und so muß der venezianische Maler alles klarer und heiterer sehn als andere Menschen. Wir, die wir auf einem bald schmutzkotigen, bald staubigen, farblosen, die Widerscheine verdüsternden Boden, und vielleicht gar in engen Gemächern leben, können einen solchen Frohblick aus uns selbst nicht entwickeln" *(8. Oktober 1786).*

Schließlich scheint Goethe nach den problematischen Liebesverhältnissen seiner Jugendjahre in Rom im Rahmen der Künstler-Bohème, in der er lebte, seine Sexualität erstmals ausgelebt zu haben (Tischbeins Zeichnung mit dem „zweiten Kissen" scheint darauf anzuspielen).

Solche Erweiterungen des Lebensgefühls sind in die klassischen Polaritäten eingegangen, wie sie symbolisch im *„Faust"* gestaltet sind, etwa in dem langen Weg von Fausts Ungenügen an der engen nordischen Gelehrtenstube bis zur Entgegensetzung von Geist und sinnlicher Schönheit, Nord und Süd, Mittelalter und Antike in der Begegnung mit Helena im 3. Akt des II. Teils der Tragödie.

Neue Kunsteindrücke

Eine Offenbarung waren für Goethe aber auch die Eindrücke von originalen Kunstzeugnissen der Antike und der Renaissance. Dabei war seine Auswahl, gemessen an der zeitgenössischen Kenntnis, eher lückenhaft. Die frühe italienische Kunst, Michelangelo, die Werke des Barock läßt Goethe links liegen, Florenz bleibt so gut wie ungewürdigt. Goethe sieht mit dem Blick Winckelmanns (vgl. S. 12 f.). Was er aber sieht, eignet er sich intensiv an: die Architektur Palladios in Vicenza, antike Tempelbauten in Paestum und anderswo, meist in Ruinen. Sein Medium der Anverwandlung ist das Zeichnen und Malen; die entstandenen Produkte, fast 1000 an der Zahl, bringt er heim nach Weimar. Dazu kommen erworbene Kunstgegenstände, Abgüsse antiker Büsten wie etwa der kolossale Kopf der *Juno Ludovisi*, der schon in Rom sein Zimmer schmückt und später im Haus am Frauenplan in Weimar das „Junozimmer" beherrscht.

J.W. von Goethe
Kopfprofile aus Rom Bleistift, 1787/88

Das „klassische Profil" stellt Stirn und Nase in einer geraden Linie dar; es ist antiken Gestaltungsmodellen nachempfunden

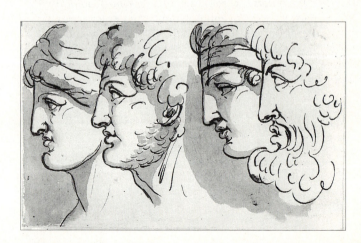

Schließlich durchzieht – auch dies ein klassisches Grundmuster (vgl. S. 6 f., S. 54) – die Suche nach dem Typischen, dem Modellhaften in den Erscheinungen des Lebens, der Natur und Kultur Goethes Verarbeitung dessen, was Italien ihm bietet. Viele seiner zeichnerischen Darstellungen gelten diesem Bemühen und fügen sich zusammen z.B. zu einem

> „Kanon der Idealformen zur Kopfdarstellung (...), die nun nicht mehr den individuellen Charakter, sondern den generellen Typus ergreifen will" *(Petra Maisak in: Goethe und die Kunst, Stuttgart 1994, S. 137).*

Solchen Motiven folgt auch Goethes Idee, hinter der quellenden Vielfalt der Pflanzenarten eine „Urpflanze" ausfindig zu machen. Im Sommer 1787 ist er davon überzeugt, dem „Geheimnis der Pflanzenzeugung und -organisation" schon ganz nahe zu sein:

Goethes Suche nach der „Urpflanze"

> „Mit diesem Modell und dem Schlüssel dazu kann man alsdann noch Pflanzen ins Unendliche erfinden, die konsequent sein müssen, das heißt: die, wenn sie auch nicht existieren, doch existieren könnten und nicht etwa malerische oder dichterische Schatten und Scheine sind, sondern eine innerliche Wahrheit und Notwendigkeit haben. Dasselbe Gesetz wird sich auf alles übrige Lebendige anwenden lassen" *(17. Juli 1787).*

Zu den Erträgen der Italienreise gehört schließlich die Aus- und Umarbeitung eigener Werke (etwa die Versfassung der „*Iphigenie*") für eine neue Ausgabe seiner Schriften, deren erste vier Bände Goethe noch in Italien erhält. Die Jahre nach der Rückkehr bringen die Lebensgemeinschaft mit Christiane Vulpius und die Entfremdung von Charlotte von Stein, die Teilnahme am Krieg gegen die französischen Revolutionstruppen (1792) im Gefolge des Herzogs, Entlastung von mehreren Ämtern, aber auch neue Funktionen wie die Leitung des Hoftheaters (ab 1791) und vor allem die Weiterführung der eigenen literarischen Produktion und intensive naturwissenschaftliche Studien.

„Iphigenie" als Ertrag der Italienreise

> *Goethes Italienreise gliedert sich ein in eine Tradition von Reisen nach Italien, die von den deutschen Kaisern des Mittelalters (z.B. Friedrich Barbarossa, Otto III.) bis zu zahlreichen Künstlern reicht (z.B. Albrecht Dürer, 1505 – 1507) und vielfältige Motive von Machtinteressen bis zur Sehnsucht nach südländischem Leben hat.*

8 Schillers Jahrzehnt mit Goethe

Durch Goethes Vermittlung hatte Schiller schon seit 1789 eine Professur an der Universität Jena erhalten. Trotzdem blieb das Verhältnis zwischen dem etablierten und dem nachdrängenden mittellosen Autor zunächst von Misstrauen und Distanz bestimmt. Das liegt weniger an der (beiderseits empfundenen) Rivalität zweier Literaten als an den gegensätzlichen geistigen Positionen: Goethe als gereifter und gefestigter Autor, der die kraftgenialischen Gebärden seiner Jugend abgelegt und um den Preis von Kompromissen und Selbstbeschränkung zu einem Ausgleich der Kräfte gefunden hat; Schiller als „kraftvolles, aber unreifes Talent" (Goethe), das den eben mühsam beruhigten Tumult neu entfacht – und zwar mit beträchtlichem Anklang im literarischen Deutschland, wie der Sensationserfolg der *„Räuber"* von 1782 zeigt.

Von Rivalität zu Zusammenarbeit

Am 20. Juli 1794 wurde aus diesem schroffen Gegensatz mit einem Schlag eine ebenso spannungsvolle wie fruchtbare Polarität, und daher kann die damit begonnene freundschaftliche Zusammenarbeit Goethes und Schillers, die bis zu Schillers Tod am 9. Mai 1805 währte, als der eigentliche Höhepunkt der Weimarer Klassik begriffen werden. Goethe hat die entscheidende Begegnung im Anschluss an eine Veranstaltung der „Naturforschenden Gesellschaft" in Jena später in seinem Aufsatz *„Glückliches Ereignis"* (1817) geschildert:

J. W. Goethe
Glückliches Ereignis, 1817

„.... wir gingen zufällig beide zugleich heraus, ein Gespräch knüpfte sich an, er schien an dem Vorgetragenen Theil zu nehmen, bemerkte aber sehr verständig und einsichtig und mir sehr willkommen, wie eine so zerstückelte Art die Natur zu behandeln, den Laien, der sich gern darauf einließe, keineswegs anmuthen könne.
Ich erwiederte darauf: daß sie den Eingeweihten selbst vielleicht unheimlich bleibe, und daß es doch wohl noch eine andere Weise geben könne, die Natur nicht gesondert und vereinzelt vorzunehmen, sondern sie wirkend und lebendig, aus dem Ganzen in die Theile strebend darzustellen. Er wünschte hierüber aufgeklärt zu seyn, verbarg aber seine Zweifel nicht, er konnte nicht eingestehen daß ein solches, wie ich behauptete, schon aus der Erfahrung hervorgehe.
Wir gelangten zu seinem Hause, das Gespräch lockte mich hinein; da trug ich die Metamorphose der Pflanzen lebhaft vor, und ließ, mit manchen charakteristischen Federstrichen, eine symbolische Pflanze vor seinen Augen entstehen. Er vernahm und schaute das alles mit großer Theilnahme, mit entschiedener Fassungskraft; als ich aber geen-

Goethe und Schiller – der Gegensatz von Idee und Erfahrung

> det, schüttelte er den Kopf und sagte: das ist keine Erfahrung, das ist eine Idee. Ich stutzte, verdrießlich einigermaßen: denn der Punkt, der uns trennte, war dadurch aufs strengste bezeichnet. (...)
> Wenn er das für eine Idee hielt, was ich als Erfahrung aussprach, so mußte doch zwischen beiden irgend etwas Vermittelndes, Bezügliches obwalten! Der erste Schritt war jedoch gethan (...) und so besiegelten wir, durch den größten, vielleicht nie ganz zu schlichtenden Wettkampf zwischen Object und Subject, einen Bund, der ununterbrochen gedauert, und für uns und andere manches Gute gewirkt hat."

Über die persönliche Verständigung hinaus bezeichnen das Gespräch vom 20. Juli und Schillers Brief an Goethe vom 23. August 1794, der die unterschiedlichen Positionen nochmals vertieft darstellt (Goethe sieht darin die „Summe meiner Existenz" gezogen), das Abstecken einer geistigen Polarität von größter Spannweite – hier der „realistische", von Erfahrungsinhalten ausgehende und sie ins Symbolische verdichtende Zugriff Goethes, dort der „idealistische", spekulativ von Ideen aus die Erfahrungswelt ordnende Ansatz Schillers. Fassbar werden solche Unterschiede nicht nur in den philosophischen Standorten beider Autoren, sondern auch in ihrer literarischen Produktion. Goethe stellt konkret glaubhafte, individuell gezeichnete Figuren dar, die nur durch leise symbolische Überhöhung über sich hinausweisen; Schillers Figuren wirken dagegen oft wie notdürftig ins Menschliche konkretisierte Verkörperungen von Ideen.

Gespräch vom 20. Juli und Schillers Brief vom 23. August 1794

Im gegenseitigen Geben und Nehmen der beiden Autoren kommt es zu einem Ausgleich der beiden Gestaltungsweisen, indem Schiller die gedankliche und dramaturgische Konstruktion von Goethes Werken mit konstruktiver Kritik begleitet, Goethe dagegen Schiller in der Ausgestaltung des „Kolorits" berät (etwa durch den Hinweis auf den Barockprediger Abraham a Sancta Clara als Quelle zur historischen Sprachfärbung in „*Wallensteins Lager*"). Darüber hinaus hat Schiller die von beiden Autoren empfundene Polarität als Ausdruck entgegengesetzter, aber dialektisch auf einander bezogener und geradezu auf einander angewiesener künstlerischer Verhaltensweisen zur Welt gedeutet. Seine große Schrift „*Über naive und sentimentalische Dichtung*" (1795) entwirft das Bild des *naiven* Dichters, der sich noch im lebendigen Einklang mit der Natur fühlt und sie abbildet, und des *sentimentalischen* Dichters, dem die Einheit mit der Natur abhanden gekommen ist und der sie als verlorenes Ideal darstellt. Schiller verfolgt die geschichtsphilosophische und gattungspoetische Dimension dieser äußerst fruchtbaren Gegensatzbegriffe: Danach erscheint das „naive" Weltverhältnis des Künstlers vor allem in der klassischen Antike gegeben (in deren Tradition Goethe steht), während die Geschiedenheit von der Natur die schmerzliche Grunderfahrung der Mo-

Schillers Typologie des „naiven" und des „sentimentalischen" Dichters

Idylle: naturhafte Unschuld
Elegie: verlorene Harmonie
Satire: Wirklichkeit als Mangel

derne (und Schillers selbst) ist. Der Nähe zur Natur entspricht als dichterische Gattung die *Idylle* als „poetische Darstellung unschuldiger und glücklicher Menschheit". Distanz zur Natur führt dagegen zur *Elegie* („die Natur und das Ideal ein Gegenstand der Trauer, wenn jene als verloren, dieses als unerreicht dargestellt wird") oder zur *Satire*, in der „die Wirklichkeit als Mangel dem Ideal als der höchsten Realität gegenübergestellt" wird.

Gemeinsame Werke

Die Zusammenarbeit Goethes und Schillers entfaltet sich auf mehreren Ebenen. Sie reicht von ständiger Konsultation und Vermittlung von Beiträgen in Zeitschriften bis zur gemeinsam verfassten Satire gegen andere Literaten („*Xenien*" 1797), von der Erörterung ästhetischer Fragen und Prinzipien bis zum koordinierten Verfassen von Balladen („Balladenjahr" 1797). Für die Nachwelt ist das umfassend zugänglich in dem intensiv geführten „*Briefwechsel zwischen Goethe und Schiller*", den Goethe 1828/29 herausgegeben hat. Privates klingt hier nur am Rand an, das Weimarer und Jenaer Lokalgeschehen gleichfalls. Weitgehend konzentriert sich die Erörterung auf die großen ästhetischen Fragen und die Gesetzmäßigkeiten, die sie bestimmen. Ein großes Thema sind in den Jahren 1797/98 (Schiller arbeitet da gerade an seiner großen „*Wallenstein*"-Trilogie) die unterschiedlichen Gestaltungsweisen epischer und dramatischer Dichtung im Anschluss an die Bestimmungen der Poetik des Aristoteles.

Abgrenzung von Epik und Dramatik

Danach kommt dem Drama – in seiner repräsentativsten Form, der Tragödie – *Gegenwärtigkeit, Kausalität* (im Sinn spannungsreicher Verknüpfung) und der enge Stoffbereich des Heroischen zu, dem Epos *Vergangenheit, Substanzialität* und ein breiter Stoffbereich vom *Alltäglichen bis zum Außerordentlichen*: „... dort kann und darf etwas als Ursache von was anderm dasein, hier muß alles sich selbst um seiner selbst willen geltend machen ..." (Schiller an Goethe, 25. April 1797). Ein Beispiel für das Bedürfnis der Klassik, das Wirken des Künstlers fern jeder Willkür auf die Notwendigkeit der ihm innewohnenden, in der Antike vorgeprägten Gesetze zurückzuführen!

Ein Unternehmen, das in seinem Gelingen immer in Frage gestellt ist, fast Züge des Utopischen trägt. Goethe und Schiller waren sich bewusst, dass sie ihr ästhetisches Programm gegen weite Teile der literarischen Öffentlichkeit vertraten. Eine Gesellschaft, die es hätte mittragen können und wollen, gab es im zerstückelten Deutschland nicht. Am 13. Juli 1804 schreibt Goethe an den Berliner Komponisten Karl Friedrich Zelter:

> „Sehr schlimm ist es in unsern Tagen, daß jede Kunst, die doch eigentlich nur zuerst für die Lebenden wirken soll, sich, insofern sie tüchtig und der Ewigkeit werth ist, mit der Zeit im Widerspruch befindet und daß der ächte Künstler oft einsam in Verzweiflung lebt, indem er überzeugt ist, daß er das besitzt und mitteilen könnte was die Menschen suchen."

Solche Gedanken erscheinen eigentümlich abgehoben, wenn man bedenkt, dass sie in einer Zeit gewaltiger weltgeschichtlicher Umwälzungen formuliert werden. Die Reaktionen Goethes und Schillers auf die Französische Revolution als die eigentliche Ursache der Turbulenzen sind zu vielschichtig, um im Rahmen einer kurzen Darstellung differenziert nachgezeichnet zu werden. Sie münden jedenfalls nach der Pariser Terrorherrschaft der Jahre 1793 – 1794 ein in Misstrauen und Ablehnung, wie sie aus einem Brief Schillers an Herzog Friedrich Christian von Augustenburg vom 13. Juli 1793 unter dem frischen Eindruck der Ereignisse klingen:

Auseinandersetzung mit der Französichen Revolution

> „Der Versuch des französischen Volks, sich in seine heiligen Menschenrechte einzusetzen, und eine politische Freiheit zu erringen, hat bloß das Unvermögen und die Unwürdigkeit desselben an den Tag gebracht, und nicht nur dieses unglückliche Volk, sondern mit ihm auch einen beträchtlichen Teil Europens, und ein ganzes Jahrhundert, in Barbarei und Knechtschaft zurückgeschleudert. Der Moment war der günstigste, aber er fand eine verderbte Generation, die ihn nicht wert war, und weder zu würdigen noch zu benutzen wußte. Der Gebrauch, den sie von diesem großen Geschenk des Zufalls macht und gemacht hat, beweist unwidersprechlich (...), daß derjenige noch nicht reif ist zur Freiheit, dem noch so vieles zur bürgerlichen Freiheit, dem noch so vieles zur menschlichen fehlt."

Nach Schillers Tod 1805, der für Goethe in eine Phase eigener schwerer Krankheit fällt, ist die große Zeit der Weimarer Klassik zu Ende. Goethe wendet sich, bei europaweit steigendem Ruhm, weiteren Horizonten und weniger gebundenen Gestaltungsformen zu; er wird sich im Rückblick auf sein Leben selbst historisch.

> *Der freundschaftliche Austausch Goethes und Schillers zwischen 1794 und 1805 ist ein bedeutendes geistesgeschichtliches Ereignis, das einen fruchtbaren Ausgleich entgegengesetzter geistiger und literarischer Positionen mit sich bringt und insofern eine große Spannweite menschlicher und künstlerischer Möglichkeiten in sich enthält.*

9 Bildungskonzepte der Klassik

Aus dem Anspruch, in einer kaum dafür vorbereiteten Gesellschaft die Botschaft des Humanen zu vertreten, folgt das Streben führender Geister der klassischen Zeit, Konzepte einer nachhaltigen Einwirkung auf die Zeitgenossen zu entwickeln. „Erzieherisches" Wirken ist beabsichtigt – und zwar in einem umfassenden, nicht nur wie bei der eigentlichen Pädagogik auf Kinder und Jugendliche, sondern in einem auf die ganze Menschheit gerichteten Sinn.

Erziehung des Menschen als Grundanliegen des 18. Jahrhunderts

Darin führt die Klassik Tendenzen der Aufklärung aus dem erziehungssüchtigen 18. Jahrhundert weiter. Bezeichnend etwa Lessings Spätschrift *„Die Erziehung des Menschengeschlechts"* (1780), worin die ganze christliche Offenbarung in gewisser Weise säkularisiert wird und als göttlicher „Erziehungsplan" für die Menschheit erscheint, als eine Art Anstoß für die Vernunft, das *eigentliche* Organ des Menschen auf dem Weg zur Wahrheit. Wie Lessing dort schreibt,

> „gibt auch die Offenbarung dem Menschengeschlechte nichts, worauf die menschliche Vernunft, sich selbst überlassen, nicht auch kommen würde: sondern sie gab und gibt ihm die wichtigsten dieser Dinge nur früher."

Im klassischen Bildungsdenken werden solche Ansätze aufgegriffen, aber auch neu akzentuiert. Wie Lessing betont Johann Gottfried Herder in seinen *„Briefen zur Beförderung der Humanität"* (1793 – 1797) die entscheidende Rolle, die dem Menschen selbst auf dem Weg zur Vervollkommnung zufällt:

> „Humanität ist der Charakter unsres Geschlechts; er ist uns aber nur in Anlagen angeboren, und muß uns eigentlich ausgebildet werden. (...) Die Bildung zu ihr ist ein Werk, das unablässig fortgesetzt werden muß; oder wir sinken, höhere und niedere Stände, zur rohen Thierheit, zur Brutalität zurück."

Humanität als dem Menschen aufgegebene Verpflichtung

Humanität ist danach dem Menschen nicht gegeben, sondern *aufgegeben*! Dass dies eine gemeinsame Überzeugung der klassischen Autoren ist, zeigt ein Blick auf Goethes Figur der Iphigenie (vgl. S. 43 ff.). Anders als in der Aufklärung, für die sich der Blick vorwiegend nach vorne richtet, gibt es aber für die Klassiker ein Modell des Humanen in der Vergangenheit: die Antike, vor allem das Griechenland der Blütezeit. Darauf verweist der große preußische Bildungstheoretiker Wilhelm von Humboldt – in seinem Schaffen eng verbunden mit Goethe und Schiller – schon in einem Brief an den Altphilologen Friedrich August Wolf (1792):

> „Es gibt, außer allen einzelnen Studien und Ausbildungen des Menschen, noch eine ganz eigene, welche gleichsam den ganzen Menschen zusammenknüpft, ihn nicht nur fähiger, stärker, besser an dieser und jener Seite, sondern überhaupt zum größeren und stärkeren Menschen macht, wozu zugleich Stärke der intellektuellen, Güte der moralischen und Reizbarkeit und

Empfänglichkeit der ästhetischen Fähigkeiten gehört. Diese Ausbildung nimmt nach und nach mehr ab und war in sehr hohem Grade unter den Griechen. Sie kann nun, dünkt mich, nicht besser befördert werden als durch das Studium großer und gerade in dieser Rücksicht bewundernswürdiger Menschen oder, um es mit einem Worte zu sagen, durch das Studium der Griechen."

Aus solchen Überzeugungen entstehen dann geistig um 1800, real in den ersten Jahrzehnten des 19. Jahrhunderts, angetrieben von Humboldts bildungs-politischer Tätigkeit für Preußen 1808 – 1810, das *humanistische Gymnasium* und die *moderne deutsche Universität* (am Modell Berlin) mit ihren Leitideen der freien Forschung und Lehre, d.h. einer allgemeinen, nicht an praktischen Zwecken orientierten, sondern allein der Erkenntnis und der Selbstformung an ihr verpflichteten Bildung. Humboldt hat die philosophische Zielvorstellung in einem berühmt gewordenen Satz seiner „*Theorie der Bildung des Menschen*" (1793) formuliert:

Gymnasium und Universität als Institutionen des klassischen Bildungsdenkens

> „Die letzte Aufgabe unseres Daseyns: dem Begriff der Menschheit in unsrer Person, sowohl während der Zeit unseres Lebens, als auch noch über dasselbe hinaus, durch die Spuren des lebendigen Wirkens, die wir zurücklassen, einen so großen Inhalt, als möglich, zu verschaffen, diese Aufgabe löst sich allein durch die Verknüpfung unsres Ichs mit der Welt zu der allgemeinsten, regesten und freiesten Wechselwirkung."

Der hier entworfene idealistische Bildungsbegriff, der auf persönliche Vervollkommnung – als Formung des *ganzen* Menschen über die Aufsplitterung in Einzeldisziplinen hinweg – abhebt, ist wegen seiner Tendenz zur bloßen Verinnerlichung und der Aussparung sozialer Tugenden später angegriffen worden. In der Tat wirkt er auf den ersten Blick wenig zeitgemäß in einer Epoche extremer inhaltlicher Spezialisierung auf der einen, arbeitstechnischer Notwendigkeit von Teamarbeit auf der anderen Seite. Der Vorwurf trifft aber im Grund mehr gewisse neuhumanistische Ideologisierungstendenzen im späteren 19. Jahrhundert als das originale Konzept, das eben nicht Kultivierung eines selbstgenügsamen Ichs im luftleeren Raum vorsieht, sondern beständige „Wechselwirkung" mit der umgebenden Welt!

Humboldts idealistischer Bildungsbegriff

Das in sich geschlossenste spekulative Gedankengebäude zur klassischen Bildungstheorie entwickelte Schiller in seiner Schrift „*Über die ästhetische Erziehung des Menschen in einer Reihe von Briefen*" (1795). Hier wird die von Humboldt vertretene Überzeugung, es gebe ein verlorenes Urmodell ganzheitlicher Harmonie des Menschen, im 9. Brief in einem Kabinettstück klassischer Prosa mit allem rhetorischen Glanz und mit metaphorischer Wucht entfaltet:

> „Der Römer des ersten Jahrhunderts hatte längst schon die Knie vor seinen Kaisern gebeugt, als die Bildsäulen noch aufrecht standen, die Tempel blieben dem Auge heilig, als die Götter längst zum Gelächter dienten, und die Schandtaten eines Nero und Commodus beschämte der edle Stil des Gebäudes, das seine Hülle dazu gab. Die Menschheit hat ihre Würde verloren,

aber die Kunst hat sie gerettet und aufbewahrt in bedeutenden Steinen; die Wahrheit lebt in der Täuschung fort, und aus dem Nachbilde wird das Urbild wiederhergestellt werden. So wie die edle Kunst die edle Natur überlebte, so schreitet sie derselben auch in der Begeisterung, bildend und erweckend, voran. Ehe noch die Wahrheit ihr siegendes Licht in die Tiefe der Herzen sendet, fängt die Dichtungskraft ihre Strahlen auf, und die Gipfel der Menschheit werden glänzen, wenn noch feuchte Nacht in den Tälern liegt."

Schillers dreistufiges Geschichtsbild:
– *ursprüngliche Harmonie*
– *Verlust der Harmonie*
– *Wiederherstellung auf höherer Stufe*

Zahlreiche Leitvorstellungen der Klassik werden hier ausgesprochen, besonders die von der *herausgehobenen menschheitlichen Rolle des Dichters* und von den drei Stufen der Geschichte. – Dem Dichter kommt in der Verderbnis der Gegenwart (vgl. S. 32 f.) eine einzigartige Verantwortung zu, nämlich als Vorkämpfer der Menschheit das Ideal lebendig zu erhalten. Das klassische Geschichtsbild sieht nach einer frühen Blütezeit die Gegenwart korrumpiert und im Niedergang, glaubt aber in einer utopischen Wendung an eine neue Harmonie, die dann (da sie nicht mehr „naiv" *gegeben,* sondern reflektiert im Bewusstsein des ganzen Prozesses *wieder errungen* sein wird!) nicht etwa Rückkehr zur alten Harmonie ist, sondern das Erreichen einer neuen, reicheren Harmonie auf höherer Stufe bedeutet. Wie man im Einzelnen zu diesem hoch spekulativen Bild des Menschen und seiner Geschichte stehen mag – es ist von hier aus jedenfalls nicht legitim, dem Denken der Klassik Rückwärtsgewandtheit vorzuwerfen.

Der dreistufige Denkansatz von der einmal vorhandenen, dann verlorenen und schließlich wieder hergestellten Harmonie durchzieht das reife Werk Schillers (etwa *„Die Jungfrau von Orleans"*, 1801). Er ist aber auch bei Zeitgenossen wirksam, so in einigen Novellen Heinrich von Kleists und am originellsten wohl in seiner Schrift *„Über das Marionettentheater"* (1810), in der der Verlust der Harmonie als unvermeidliche Begleiterscheinung des sich differenzierenden Bewusstseins gedeutet wird und das Erreichen der letzten Stufe, „wenn die Erkenntnis gleichsam durch ein Unendliches gegangen ist", geradezu als „das letzte Kapitel von der Geschichte der Welt" erscheint.

> *Die immer wieder umstrittene, aber bis heute wirksame Idee der Allgemeinbildung, die im Gegensatz zu der zweckbestimmten Ausbildung auf eine Selbstformung des Menschen in Auseinandersetzung mit vielfältigen, letzten Endes philosophischen Inhalten zielt, ist Erbe der Klassik und des Idealismus. Dabei sind nach klassischer Überzeugung die notwendigen Verbesserungen im politisch-gesellschaftlichen Bereich nur über die Veränderung des einzelnen Menschen durch ästhetische Erziehung zu erreichen.*

10 Idealistische Wendung der Philosophie

Nicht nur die Literaturtheorie, die Erzählprosa und die dramatischen Ausdrucksformen der Klassik haben sich (vgl. S. 15 ff.) in der Endphase der Aufklärung vorbereitet. Auch die geistesgeschichtliche Entsprechung zur Klassik, die *Philosophie des deutschen Idealismus*, beginnt sich hier auszuprägen, nämlich im Werk Immanuel Kants (1724 – 1804), das dann in den klassisch-romantischen Jahrzehnten durch die Weltentwürfe von Johann Gottlieb Fichte (1762 – 1814), Friedrich Wilhelm Josef Schelling (1775 – 1854) und Georg Wilhelm Friedrich Hegel (1770 – 1831) weitergeführt wird.

Deutscher Idealismus:
– I. Kant
– J. G. Fichte
– F. W. J. Schelling
– G. W. F. Hegel

Kants Werk erreicht seine größte Wirkung durch die drei Schriften, mit denen er – dies ganz im Sinn der Aufklärung – die zweifelhaften Denkansätze seiner Vorgänger einer radikalen Kritik unterzogen hat: „*Kritik der reinen Vernunft*" (1781), „*Kritik der praktischen Vernunft*" (1788) und „*Kritik der Urteilskraft*" (1790). Untersucht wird darin nacheinander, was der Mensch erkennen kann, wie er handeln soll, was seine Wahrnehmung des Schönen bestimmt. Der Ansatz, der alle bisherige Metaphysik als Spekulation erscheinen lässt, ist schon in der ersten der drei Kritiken voll vorhanden und wird in den späteren nur auf weitere Grundfragen übertragen. Er läuft darauf hinaus, dass nicht die wahrgenommene Welt das Erfahrungsvermögen des Menschen bestimmt, sondern umgekehrt immer schon durch dieses geprägt ist. Alles, was der Mensch erkennt, ist so „Erscheinung" und nicht das „Ding an sich". Zeitliche, räumliche und kausale Verknüpfungen liegen im Wahrnehmungsvermögen des Menschen und nicht im Wahrgenommenen selbst begründet. Scheint damit Wahrheit für den Menschen unerkennbar, so kehrt Kant in der „*Kritik der praktischen Ver-*

Kants Erkenntnistheorie

Immanuel Kant
Kupferstich von K. Barth nach Stobbe

nunft" die Betrachtungsrichtung um: Das Wollen als Antrieb seines Handelns ist nicht aus Erfahrung ableitbar, insofern ist der *wollende* Mensch selbst ein „Ding an sich". Von hier aus sucht Kant ein allgemeingültiges aus der Vernunft abgeleitetes Gesetz menschlichen Handelns zu begründen und findet es in dem formalen, von inhaltlichen Bestimmungen freien und darum unbedingt gültigen Kriterium der Generalisierbarkeit, wie es der „Kategorische Imperativ" vorsieht:

> „Handle so, daß die Maxime deines Willens jederzeit zugleich als Prinzip einer allgemeinen Gesetzgebung gelten könne."

Hegels dialektische Methode:
- These
- Antithese
- Synthese als „Aufhebung" beider

Die höchsten spekulativen Höhen erreicht die Philosophie des deutschen Idealismus dann – bereits zeitgleich zum Wirken der Klassiker – in dem anspruchsvollen Denksystem Hegels. Auf seiner Suche nach einer neuen Methode, die – anders als bei Kants Zwiespalt zwischen Erfahrung und „Ding an sich" – den Denknotwendigkeiten *und* zugleich dem Entwicklungsprozess des Seins selbst entsprechen soll, knüpft Hegel an bei Heraklit, Aristoteles und der Mystik. So kommt er zur *dialektischen Methode*, die der *These* eine *Antithese* gegenüberstellt und dann beide in der *Synthese* aufhebt – im dreifachen Wortsinn von lat. *tollere* (vernichten), *retinere* (bewahren) und *elevare* (emporheben). Anstoß zur Dialektik ist das „Atom des Widerspruchs": Gegensatz des Gesetzten, des Positiven ist das Negative. Beide schließen einander aus. Das Positive ist das, was Bestand und Gleichheit mit sich selbst hat. Indem das Negative das Positive ausschließt, hat es keine Gleichheit mit sich selbst und schließt sich so in gewissem Sinn selbst aus ... Zum Wesen des Systems, das Hegel von hier aus aufbaut, gehört, dass ständig und auf immer höherer Ebene Gegensätze in einander umschlagen; es ist also nicht als eine statische Struktur, sondern als ein dynamischer Prozess mit zahlreichen Entwicklungsstadien vorzustellen. Das Wahre, heißt es in der Vorrede zur „*Phänomenologie des Geistes*" (1807), ist „der Prozeß, der sich seine Momente erzeugt und durchläuft". Der darin sich entfaltende „Weltgeist" ist das Ganze dieses Prozesses, der die überwundenen Stadien als relative Wahrheiten in sich „aufhebt".

Hegels Definition des Idealismus

Idealismus als philosophische Grundhaltung wurde von Hegel an ganz versteckter Stelle seines Werks unnachahmlich bündig definiert:

> „Der Satz, daß das Endliche ideell ist, macht den Idealismus aus. Der Idealismus der Philosophie besteht in nichts anderem, als darin, das Endliche nicht als ein wahrhaft Seyendes anzuerkennen" (*Wissenschaft der Logik, Teil I, Bd. I, 2.Kap., Anmerkung 2*).

Im Gegensatz zu den materialistischen Denksystemen wird hier also die greifbare Welt als eine von Ideen abgeleitete verstanden; der Geist bestimmt danach die Wirklichkeit, nicht umgekehrt die Wirklichkeit das Denken. Über der materiellen Welt gibt es eine zweite, ihr übergeordnete und sie übersteigende (transzendente) des Geistes.

Idealistische Wendung der Philosophie

F.W.G. Hegel
vor Berliner Studenten

Es fällt nicht schwer, von solchen Positionen aus die Brücke zu schlagen zu der literarischen Produktion der Klassik (und auch der Romantik). Auch hier wird durchweg das Endliche, Materielle, Individuelle als etwas *nicht Endgültiges, nicht* aus sich selbst Berechtigtes gedeutet, vielmehr auf einen ideellen, nicht materiellen, überindividuellen Zielpunkt hin durchsichtig gemacht. Diesen Zielpunkt sehen die Klassiker in sittlichen Gesetzen, die den Menschen verpflichten, sein individuelles Wollen einem überpersönlichen Sollen unterzuordnen. Der Mensch erscheint so als ein Wesen, das zu freier Selbstbestimmung fähig ist und die Eingeschränktheit seines Hier und Heute grundsätzlich überwinden kann. Menschliche Existenz erhält gerade dadurch ihren eigentlichen Sinn, dass der Bezug zu den Ideen der höheren Wirklichkeit festgehalten wird, selbst um den Preis des radikalen Einsatzes oder sogar Opfers dieser Existenz.

Idealismus als Grundeinstellung der Klassik

> *Die Philosophie des deutschen Idealismus ist die geistesgeschichtliche Entsprechung zum literarischen Schaffen der Klassik. Sie sieht – wie schon die von Platon geprägte Tradition des antiken Denkens und im Widerspruch zu realistisch-materialistischen Denkschulen – die Welt der Ideen als bestimmend für die Wirklichkeit an und stellt den Menschen unter verpflichtende Normen.*

11 Autorenporträts

Christoph Martin Wieland
geb. am 5. September 1733 bei Biberach; gest. am 20. Januar 1813 in Weimar

(Aquarellierte Zeichnung von J. W. Goethe, 1776)

Christoph Martin Wieland wurde im Internat Klosterberge bei Magdeburg erzogen. 1751 – 1752 studierte er Rechtswissenschaft in Tübingen, hielt sich danach in der Schweiz auf und wurde 1760 Senator in Biberach. Literarisch trat er zuerst als Übersetzer Shakespeares hervor. Nach Erscheinen zahlreicher Erzählwerke wurde Wieland Professor der Philosophie in Erfurt, bis ihn die Herzoginmutter Anna Amalia 1772 als Prinzenerzieher nach Weimar holte. Mit seiner Zeitschrift „*Der Teutsche Merkur*" (ab 1773) wurde Wieland als Autor wie als Übersetzer und Kritiker einer der einflussreichsten Literaten Deutschlands. Dass der später nach Weimar gekommene Goethe ihn an Einfluss wie an literarischem Ruhm bald überholte, nahm Wieland mit menschlicher Souveränität hin. Als Mittelpunkt einer zahlreichen Familie galt er in der Zeit der Herausbildung bürgerlicher Lebensnormen als musterhafter Familienvater. Seit 1797 lebte er auf dem Gut Oßmannstedt, kehrte aber nach dem Tod seiner Frau nach Weimar zurück und blieb bis ins hohe Alter rastlos literarisch tätig.

Johann Wolfgang von Goethe
geb. am 28. August 1749 in Frankfurt am Main; gest. am 22. März 1832 in Weimar

(Kreidezeichnung von Friedrich Bury, 1800)

Johann Wolfgang von Goethe wurde in seiner Jugend vom Vater und von Privatlehrern unterrichtet und studierte 1765 – 1768 in Leipzig Rechtswissenschaft. Schwer erkrankt kam er 1768 ins Elternhaus zurück.
1770 – 1771 beendete er sein Studium in Straßburg mit der Promotion und nahm Anwaltstätigkeiten in Frankfurt und am Reichskammergericht in Wetzlar (1772) auf. Nach ersten Gedichten im Rokokostil der Zeit machten ihn seine ersten großen Werke „*Götz von Berlichingen*" und besonders „*Die Leiden des jungen Werthers*" (1774) schlagartig berühmt. Auf Einladung des jungen Herzogs Carl August kam Goethe am 7. November 1775 nach Weimar und erhielt dort am Hof Ämter von steigender Bedeutung. Er wurde Geheimer Rat, stieg 1780 zum Minister auf, wurde geadelt und zog in das Haus am Frauenplan (1782). Die Überlastung mit politischen Ämtern, aber auch sein ungeklärtes Verhältnis zu der Hofdame Charlotte von Stein trieben Goethe in eine Krise, der er sich durch die überraschende Reise nach Italien (1786 – 1788) entzog. Nach der Rückkehr lebte er mit Christiane Vulpius zusammen (Sohn August 1789, Heirat 1806). Goethe leitete 1791 – 1817 das Weima-

rer Hoftheater und nahm 1792 am Feldzug gegen die französische Revolutionsarmee teil. Die Freundschaft und intensive Zusammenarbeit mit Schiller 1795 – 1805 brachte den Höhepunkt der klassischen Zeit. Seit 1809 arbeitete Goethe, der sich mit einem Kreis von Beratern umgab, an autobiographischen Darstellungen; 1810 erschien seine „Farbenlehre", mit der er als Naturwissenschaftler in Konkurrenz zu Newton trat. Der späte Goethe wurde zur europäischen Attraktion und zog vielerlei Besucher in seinen geselligen Kreis nach Weimar, aber auch an die Stätten seiner Badereisen. 1816 starb Christiane, 1830 sein Sohn August. Die letzten Lebensjahre waren besonders der Vollendung des „Faust" gewidmet.

Johann Gottfried Herder erhielt eine religiöse Erziehung und besuchte seit 1762 die Königsberger Universität, wollte zunächst Chirurg werden, wandte sich dann der protestantischen Theologie zu. 1764 wurde er Kollaborator (Hilfsgeistlicher und -lehrer), 1767 auch Pastor an der Stadtschule in Riga und begann zunächst literaturkritische Schriften zu publizieren. Herder reiste 1769 nach Frankreich; 1770 blieb er zur Behandlung eines Augenleidens in Straßburg, wurde zum Mittelpunkt eines Kreises unruhiger Geister der Sturm-und-Drang-Zeit und lernte den jungen Goethe kennen. 1771 ging Herder als Konsistorialrat nach Bückeburg. Nach erfolglosen Bemühungen um eine Professur in Göttingen wurde er 1776 auf Anregung Wielands und durch Goethes Einfluss als Generalsuperintendent und Stadtprediger nach Weimar berufen. In den folgenden Jahren blieb Herders Verhältnis zu seinen weitgespannten Amtspflichten, aber auch zu Goethe zwiespältig, dessen Verhältnis zu Christiane Vulpius er ebenso missbilligte wie die Freundschaft zu Schiller. Bis in sein Todesjahr schuf er ein umfangreiches, theologisch-erzieherischen Problemen ebenso wie geschichts- und kulturphilosophischen Fragen gewidmetes schriftstellerisches Werk, das zum geistigen Kernbestand der Klassik gehört.

Johann Gottfried Herder
geb. am 25. August 1744 in Morungen (Ostpreußen); gest. am 18. Dezember 1803 in Weimar

(Stich von K. H. Pfeiffer nach Tischbein, um 1794)

Friedrich Schiller erhielt als Kind ersten Unterricht vom Lorcher Ortspfarrer, dann besuchte er ab 1766 in Ludwigsburg die Lateinschule. Ab 1773 kam Schiller auf die militärische Hohe Carlsschule des autokratischen Herzogs Carl Eugen von Württemberg. Nach einer Zeit als Regimentsarzt in Stuttgart brachte er 1782 in Mannheim sein erstes Drama „Die Räuber" mit riesigem Erfolg zur Aufführung. Er floh nun aus der Gewalt des Herzogs, versuchte 1783 als Theaterdichter in Mannheim unterzukommen und trieb in den folgenden Jahren historische und philoso-

Friedrich Schiller
geb. am 10. November 1759 in Marbach; gest. am 9. Mai 1805 in Weimar

(Stich von Steinle nach Ludovike Simanowitz, 1794)

phische Studien, mühsam sich über Wasser haltend u.a. durch ein Stipendium dänischer Freunde. Mit Hilfe Goethes erhielt Schiller 1788 eine Professur an der Jenaer Universität, die ihm jedoch kaum den Lebensunterhalt sicherte. Schiller heiratete 1790 Charlotte von Lengefeld; 1791 brach eine schwere Lungenkrankheit aus, von der er sich nie wieder erholte. Die Freundschaft und enge Zusammenarbeit mit Goethe von 1795 bis zu seinem Tod bedeutet den Höhepunkt in seiner literarischen Laufbahn. In rascher Folge entstanden in dieser Zeit Schillers reife Bühnenwerke, Gedichte und ästhetische Schriften. Mit der Zeitschrift „*Die Horen*" (1795 – 1797) versuchte Schiller kultivierenden Einfluss auf das deutsche Publikum zu nehmen. 1799 übersiedelte er nach Weimar, vom Herzog erhielt er 1802 ein eigenes Haus und den Adelsstand.

Wilhelm von Humboldt
geb. am 22. Juni 1767 in Postsdam; gest. am 8. April 1835 in Tegel bei Berlin

(Anonymes Gemälde, um 1830)

Wilhelm Freiherr von Humboldt verbrachte – wie sein Bruder, der bedeutende Naturforscher Alexander von Humboldt – die Jugend im elterlichen Schloss Tegel bei Berlin, beherrschte mit 18 Jahren die griechische, lateinische und französische Sprache und Literatur und verkehrte in den Salons der Berliner Aufklärung. Von 1787 – 1788 studierte er Rechts- und Staatswissenschaften in Frankfurt/Oder und Göttingen; nach Reisen, die ihn kurz nach Ausbruch der Revolution nach Frankreich führten, lernte er in Weimar Schiller kennen, mit dem ihn von da an ein intensiver und bedeutender Briefwechsel verband. Zunächst am Berliner Kammergericht beamtet, zog sich Humboldt 1791, inzwischen verheiratet, auf seine Besitzungen zurück. Er trieb und publizierte Studien zum Verhältnis von Staat, Religion und einer an der Antike orientierten Bildung. Von 1801–1808 vertrat Humboldt Preußen in Rom, verkehrte mit Künstlern und Gelehrten und vertiefte seine archäologischen und sprachwissenschaftlichen Kenntnisse. Seit 1809 leitete er das preußische Ministerium des Kultus und öffentlichen Unterrichts. Durch seinen geistigen Einfluss und sein amtliches Wirken prägte das humanistische Gedankengut der Klassik staatliche Institutionen, vor allem durch das Konzept des (neu)humanistischen Gymnasiums (z.B. „*Litauischer Schulplan*", 1809), durch die auf Freiheit vom Nutzdenken und weitgehende Selbstorganisation des Studierenden gerichtete Bildungsidee der modernen deutschen Universität (Gründung der Berliner Universität, 1810), aber auch durch die Konzeption eines auf die Öffentlichkeit einwirkenden modernen Museums. Humboldt bekleidete bis 1819 noch verschiedene Ämter, zog sich dann aber, bei zunehmendem Druck der politischen Reaktion resignierend, wieder auf Schloss Tegel zurück. Nach dem Tod seiner Frau vereinsamt, blieb er dennoch weiterhin publizistisch tätig.

12 Goethe: *Iphigenie auf Tauris* – Humanität als Ziel

Goethes Schauspiel, nach Vorformen in Prosa 1786 in Italien in die endgültige Versform gebracht, erschien 1787 im Erstdruck.

Aufgegriffen wird der Atridenstoff aus der griechischen Mythologie: Die auf die Insel Tauris entrückte und dort als Priesterin in barbarischer Umwelt tätige Atridentochter Iphigenie enthüllt im I. Aufzug dem Taurerkönig Thoas die fluchbeladene Vergangenheit ihres Geschlechts. Neue Gräueltaten erfährt sie selbst im II. und III. Aufzug von ihrem Bruder Orest, der als Fremder auf der Insel gefangen genommen wurde und ihr vom Gattenmord der Mutter Klytämnestra und seinem eigenen Muttermord berichtet. Indem solche Enthüllungen die Bühnengegenwart immer mehr mit den Verhängnissen der Vergangenheit aufladen, bildet sich für den Zuschauer – wie für Iphigenie selbst – eine Kette grausiger Bluttaten. Und Iphigenie scheint diese Kette zwangsläufig fortsetzen zu müssen; steht sie doch vor der Wahl, als Priesterin das Menschenopfer an Orest und seinem Gefährten Pylades zu vollziehen oder das Vertrauen des Taurerkönigs durch die Flucht zu enttäuschen!

Aufgreifen eines mythischen Stoffs

Das klassische Ideal der Humanität ist hier nicht Besitz und Zustand, sondern Zielpunkt. Auch gerade Iphigenies eigenes Verhalten ist bis auf den letzten Sprung, die „unerhörte Tat", mit der sie Thoas die Wahrheit bekennt und damit im Barbarenkönig die humane Entscheidung freisetzt, noch taktisch – und das heißt: noch nicht human. Der Zielpunkt wird mit dem versöhnlichen „Lebt wohl!" des Taurerkönigs Thoas, also den letzten beiden Worten, die auf der Bühne fallen, erreicht.

Humanität als Zielpunkt der Handlung

An „Iphigenie" lässt sich ablesen, dass klassische Literatur nicht etwa den Menschen ihrer Gegenwart zumutet, an die antike Mythologie, z.B. an das Wirken von Göttern, buchstäblich zu glauben. Dem Publikum des bürgerlichen Zeitalters werden Götter nur noch *ästhetisch vermittelt*, also nicht als inhaltlich eingreifende Instanz wie der „Deus ex machina" der antiken Dramen, sondern als symbolische Mächte wirksam. An einer Stelle sagt Iphigenie von den Göttern: „Sie reden nur durch unser Herz zu uns." Das Sittengesetz, dem der Mensch unterworfen ist, tritt nicht von außen an ihn heran, es muss vielmehr in seinem Inneren verwirklicht werden. Insofern liegt *im Menschen* das Göttliche; und das Göttliche liegt *nur* im Menschen!

Das Göttliche liegt im Menschen

Humanität, so heißt die wahre Botschaft des Werks, ist nichts dem Menschen Natürliches, aber sie kann in einer großen Anstrengung erkämpft werden. Damit distanziert sich Goethes Schauspiel von jedem billigen Optimismus. Dem Menschen wird darin Unerhörtes abverlangt, und er muss es aus seinem Inneren hervorbringen. Dass ihm dies zugetraut wird, trennt die klassische Gedankenwelt von unserer heutigen; dass die darin liegende Überforderung mitgesehen wird, rückt sie uns – möglicherweise – nahe.

In seiner ebenso strengen wie natürlich fließenden Verssprache ist das Werk eine der reinsten Ausprägungen des klassischen Stilideals, das auf

Blankvers (fünfhebiger ungereimter Jambus)

Versöhnung sinnlicher Schönheit und vernunftgesteuerter Gesetzlichkeit abzielt. Sprachform ist der für das Drama der Klassik repräsentative *Blankvers* (vgl. S. 16 ff.), also der *ungereimte fünfhebige Jambus*. Hier der Beginn des Monologs I,1, mit dem zugleich das Schauspiel anhebt, mit metrischem Schema:

Heraus in eure Schatten, rege Wipfel	x x́ x x́ x x́ x x́ x x
Des alten, heil'gen, dicht belaubten Haines,	x x́ x x́ x x́ x x́ x x
Wie in der Göttin stilles Heiligtum,	x x́ x x́ x x́ x x́ x x́
Tret ich noch jetzt mit schauderndem Gefühl,	x x́ x x́ x x́ x x́ x x́
Als wenn ich sie zum erstenmal beträte,	x x́ x x́ x x́ x x́ x x
Und es gewöhnt sich nicht mein Geist hierher.	x x́ x x́ x x́ x x́ x x́

Es ist ein regelmäßig zwischen *Hebung* (x́) und *Senkung* (x) wechselnder (*alternierender*) Vers von sehr geschmeidigem Lauf, z. B. durch die Reimfreiheit, durch das nicht geregelte Wechseln männlicher (betonter) und weiblicher (unbetonter) Versenden und durch das öfters mögliche Überspielen des Metrums durch „natürliche" Betonung (etwa in Vers 6: „*und es*" statt des metrisch gebotenen „*und es*"!).

Dämpfung der Affekte

Nicht nur in der gebundenen und gemessenen Form des Sprechens, sondern auch inhaltlich ist die Selbstaussage der auf die fremde Insel verschlagenen Iphigenie durch *Beherrschung und Maß* geprägt: Sie nennt zuerst die überpersönlichen Ordnungen, die sie umgeben, und reiht sich in diese erstmals im 4. Vers durch das Personalpronomen „ich" ein. Emotionales erscheint gedämpft; „Schauder" wird bezeichnend durch „schauderndes Gefühl" ersetzt – der Affekt ist ins Adjektiv abgedrängt und dem klassifizierenden Oberbegriff „Gefühl" unterworfen! Bewusstheit, Klarheit, Kontrolle herrschen in der klassischen Selbstaussage vor, auch wenn ein Mensch in bedrängter Lage spricht.

Klarheit als Bauprinzip

Klarheit als Stilideal klassischer Literatur wird auch in allen weiteren Strukturschichten des Werks sichtbar, in der *Figurenkonstellation* (5 Figuren in völlig symmetrischer Gruppierung um die Zentralfigur Iphigenie) wie in der *Komposition* (5 Aufzüge, wieder ganz symmetrisch angelegt, von der Exposition im I., der Zuspitzung der Konflikte im II. über den Höhepunkt im III. und die Retardierung im IV. bis zur Lösung im V. Aufzug).

Sicht der Geschlechter in „Iphigenie"

Zum Reichtum von Goethes „Iphigenie" gehört auch, dass diesem Werk eine scharf akzentuierte Sicht der Geschlechter eingearbeitet ist. Sie spricht sich aus in der grundsätzlichen Reflexion, mit der Iphigenie ihr dramatisches Handeln begleitet, am eindrucksvollsten im großen Monolog „Hat denn zur unerhörten Tat der Mann/Allein das Recht?" (V, 3; 1892 ff.). Der Mann erscheint hier als kämpferisch-destruktives Wesen, das seinen Ruhm auf Zerstörung baut und die Verheerungen der Geschichte bestimmt. Dagegen wirkt die Frau in aufbauendem, sittlich begründendem

Goethe: Iphigenie auf Tauris – Humanität als Ziel

Lady Hamilton als Iphigenie
Umrisszeichnung von F. Rehberg, 1794

Ausgang des 18. Jahrhunderts wurden antike Figuren oft als „lebende Bilder" auf der Bühne oder in Salons dargestellt; Lady Hamilton war als Darstellerin berühmt

Sinn. Ein solcher weiblicher Gegenentwurf wird auch an anderen, durch die Männerwelt vernichteten Frauengestalten der Klassik sichtbar, etwa Thekla in Schillers „Wallenstein" oder Gretchen in Goethes „Faust". Iphigenie jedoch setzt ihr Gegenmodell zum verderblichen Handeln der Männer in erfolgreiches Handeln um, nimmt ihnen damit das Heft aus der Hand und gewinnt so als Figur beträchtliches emanzipatorisches Potential. Das Bild von Mann und Frau, das hier deutlich wird – der Mann als der Aktive, Dynamische, Kämpfende und Zerstörende, die Frau als Zurückgezogene, Leidende, aber auch Bewahrende und in sich Ruhende – ist repräsentativ für die Geschlechterphilosophie der Klassik.

„Alle menschlichen Gebrechen/sühnet reine Menschlichkeit", schrieb noch der alte Goethe als programmatische Widmung in ein Druckexemplar für einen Darsteller des Orest. Er bezeichnete sein Schauspiel in einem Brief an Schiller vom 19. Januar 1802 freilich auch als „Wagestück" und setzte mit unüberhörbarer Selbstironie dazu, es sei „ganz verteufelt human". Das spiegelt die gemischten Gefühle des Autors gegenüber seiner radikalen Utopie des Menschlichen.

> Goethes „Iphigenie auf Tauris" ist neben Schillers fast gleichzeitig geschriebenem großen Gedicht „Die Götter Griechenlands" das erste repräsentative Dokument für die dichterische Hinwendung der Frühklassik zur griechisch-antiken Welt. Dabei gelingt es Goethe, die mythologischen Elemente der Antike in das menschliche Maß der modernen Vorstellungswelt zu überführen.

13 Goethe: *Wilhelm Meisters Lehrjahre* – Bildung des Menschen

Modell des deutschen Bildungsromans

Goethes Roman „*Wilhelm Meisters Lehrjahre*", entstanden 1795 – 1796, hat über Mörikes „*Maler Nolten*", Stifters „*Nachsommer*" und Kellers „*Grünen Heinrich*" bis hin zu Thomas Manns „*Zauberberg*" eine große Tradition begründet, die des *Bildungsromans*, von der sich der deutsche Roman erst Ende des 19. Jh, mit Fontanes realistischen Gesellschaftsromanen frei macht. Die Grundidee des Romans hat Hermann Hesse 1914 hochtönend zusammengefasst:

> „Der Wilhelm Meister (...) erzählt von dem Manne, den gute bürgerliche Abkunft und Erziehung. Vermögen und Charakter durchaus zu einem in seiner mäßigen Zivilisation wohlzufriedenen Bürger eignen würden, welcher aber, von einer göttlichen Sehnsucht getrieben, hinter Sternen und Irrsternen her einem Verlangen nach höherem Leben, reinerer Geistigkeit, tieferem und reiferem Menschentum folgen muß. (...) Der Held ist nicht ein individuell stark umrissener, einmaliger, auffallender Mensch (...), er folgt den Lockungen der Ferne, aber was er sucht und ahnt und in seiner dumpfen Sehnsucht träumt und meint, das ist nicht Beute und errafftes Einzelglück, sondern es liegt auf dem Wege der Menschheit, es ist das Ideal eines klaren, frei dienenden, dem Ganzen wertvoll eingeordneten Lebens" *(Ullstein-Goetheausgabe, Leipzig o.J., Bd. XI, Vorwort).*

Durchgang durch das Theaterwesen

Goethe führt seinen Romanhelden durch Lebensbereiche, die jeweils mit großem poetischem Farbenreichtum geschildert sind. Nachdem sich Wilhelm in seiner Liebe zu einer Schauspielerin betrogen glaubt, verlässt er das Elternhaus und gerät, als er sich auf der Reise in Geschäften seines Vaters einer fahrenden Schauspielertruppe annimmt, in den Bannkreis des Theaterspiels, das ihn in seinen Spielarten vom Gauklerwesen bis zum Hoftheater fasziniert und worin er lange als Angehöriger des Bürgerstands (im politisch rückständigen, zerstückelten Deutschland!) die einzige Möglichkeit zu öffentlichem Wirken sieht.

Mignon
Zeichnung von Eduard Mörike

Gerade durch die geheimnisvollen Gestalten Mignons und des Harfners beschäftigte Goethes Roman die Phantasie der folgenden Generationen

Die Gestalten dieser von dunklen Geheimnissen umwitterten, außerhalb bürgerlicher Ordnungen ein zerbrechliches Dasein von eigentümlicher Anziehungskraft fristenden Lebenssphäre gestaltet Goethe mit aller Einfühlung; ein seltsamer alter Harfner und das merkwürdig androgyne Mädchen Mignon gehören zu den anrührendsten Figuren in Goethes gesamtem Werk und haben die Phantasie des zeitgenössischen Publikums und späterer Autoren tief berührt. Aber das Theaterwesen erweist sich für Wilhelm Meister dann doch nur als Stufe in einem umfassenderen und weiter führenden Bildungsprozess. Eine geheimnisvolle „Turmgesellschaft" steuert diesen Entwicklungsgang, und es stellt sich sogar heraus, dass sie Wilhelms Geschick längst im Auge hatte, ihn jedoch bewusst Irrwege gehen ließ.

Hier liegt ein Kerngedanke von Goethes Bildungskonzept. Wilhelm selbst fragt sich, als er gegen Ende seines Entwicklungsgangs einen zusammenfassenden „Lehrbrief" der Turmgesellschaft erhält: „Wenn so viele Menschen an dir teilnahmen, deinen Lebensweg kannten und wußten, was darauf zu tun sei, warum führten sie dich nicht strenger, warum nicht ernster?" Die Antwort heißt: „Nicht vor Irrtum zu bewahren, ist die Pflicht des Menschenerziehers, sondern den Irrenden zu leiten, ja ihn seinen Irrtum aus vollen Bechern ausschlürfen zu lassen, das ist Weisheit der Lehrer." Und Wilhelm Meister erfährt: „Du wirst keine deiner Torheiten bereuen und keine zurückwünschen, kein glücklicheres Schicksal kann einem Menschen werden." Sein Weg – der insoweit dem Weg Goethes in Weimar gleicht – hat ihn über Fehlversuche hinweg zu einer Ausbildung seiner Individualität geführt, die durch Selbstbeschränkung und tätige Übernahme von Pflichten in der Gemeinschaft ihre höchste Form erreicht. Die Nähe zu Wilhelm von Humboldts Bildungsidee ist greifbar (vgl. S. 34 f.).

Irrtum als notwendige Stufe auf dem Weg zur Wahrheit

Die Bedeutung des *„Wilhelm Meister"* und des damit begründeten Romantypus liegt zunächst darin, dass hier für ein bedrängendes soziales Problem der bürgerlichen Welt, nämlich die Suche der Söhne nach einem Platz in der Gesellschaft (einem „Beruf" – das Problem gab es für die Feudalwelt mit ihren vorgezeichneten Bahnen nicht!), eine gültige Ausdrucksform entstand. Goethe hat aber auch eine Schwierigkeit der Darstellung gültig gelöst, die damit zwangsläufig entstand. Sie hängt damit zusammen, dass der „Held" des Romans gerade keine eigentlich außerordentliche Persönlichkeit sein kann (vgl. Hesses Charakterisierung). Er muss als unsicher Suchender gezeigt werden; sonst wäre ja der Weg über Irrtümer kaum glaubhaft. Der Erzähler hat also Distanz zu ihm zu wahren. In der *schwebenden Ironie*, mit der Goethe seinen Wilhelm Meister umgibt, mit der er ihn z.B. Wendungen ernst nehmen lässt, die sich später als falsch verstanden herausstellen, liegt ein großer Reiz des *„Wilhelm Meister"* – und zugleich ein bleibendes Stilmittel des Bildungsromans bis hin zu Thomas Manns „einfachem, wenn auch ansprechenden jungen Menschen" Hans Castorp im Roman „*Der Zauberberg*".

Wilhelm Meister als unsicher Suchender

Ironie als Darstellungsmittel

> *Mit „Wilhelm Meisters Lehrjahre" schafft Goethe das für fast hundert Jahre gültige Modell des Bildungsromans, der das Hineinfinden des bürgerlichen Individuums in die Gesellschaft über Irrwege zu einer tätigen Existenz zeigt.*

14 Schiller: *Die Kraniche des Ibykus* – Macht der Kunst

Ballade als Integration lyrischer, epischer und dramatischer Gestaltung

Schillers Balladen sind heute dem Publikum kaum mehr zu vermitteln – zu stark ist der Ruch der Lächerlichkeit, von zahllosen Parodien genährt und, zugegeben, auch von mancher unsäglich pathetischen Strophe innerhalb der künstlerisch ungleichen Balladendichtung Schillers gefördert. Trotzdem: die besten unter ihnen sind kostbare poetische Brennspiegel, die hinter der bewegten Handlung ein tiefgründiges Bild des Menschen und seines selbstgemachten Schicksals durchblicken lassen. Dazu ist gerade die Gattungsform der Ballade geeignet, die als „Ur-Ei der Dichtung" (Goethe) durch ihre Vers- und Strophenform, ihren Erzählgestus und ihre Wiedergabe von Handlung bis hin zu wörtlicher Rede lyrische, epische und dramatische Gestaltung verbindet.

Die meisten der klassischen Balladen Goethes und Schillers entstanden als Produkt der intensiven Zusammenarbeit, die im „Balladenjahr" 1797 einen Höhepunkt erreichte. Alle paar Tage übersandten die beiden Autoren einander ihre neuen Texte, erläuterten, kommentierten, kritisierten. Neben der Lust an diesem Austausch, dessen Produkte dann im „*Musenalmanach auf das Jahr 1798*", dem sogenannten Balladenalmanach, gedruckt wurden, ist als Motiv der beiden Dichter die Absicht anzunehmen, in einer weniger strengen, populären Form auf das Publikum einzuwirken.

Handlung der Ballade

Eine der bedeutendsten dieser Balladen ist Schillers „*Die Kraniche des Ibykus*". In 23 achtzeiligen Strophen wird die Handlung um den Tod des griechischen Dichters Ibykus gedrängt entfaltet: Er wird von zwei Räubern erschlagen und ruft sterbend einen vorbeiziehenden Schwarm Kraniche auf, Klage wegen seines Todes zu erheben. Die ganze weitere Handlung der Ballade spielt beim Sängerfest in der Theaterarena, wo der Tod des Ibykus beklagt wird. Dabei tritt ein gespenstischer Chor von Erinnyen (Rachegöttinnen) auf und versetzt alle Zuhörer in Furcht und Schrecken, wie die 14. Strophe schildert:

Friedrich Schiller
Die Kraniche des Ibykus (1797)

> Ein schwarzer Mantel schlägt die Lenden,
> Sie schwingen in entfleischten Händen
> Der Fackel düsterrote Glut,
> In ihren Wangen fließt kein Blut.
> Und wo die Haare lieblich flattern,
> Um Menschenstirnen freundlich wehn,
> Da sieht man Schlangen hier und Nattern
> Die giftgeschwollnen Bäuche blähn.

Als nun wieder ein Kranichschwarm vorüberzieht, verraten sich die im Publikum befindlichen, von der Erregung angesteckten Mörder („Sieh da! Sieh da, Timotheus, / Die Kraniche des Ibykus!") und werden gestellt.

Will die Ballade an ein übernatürlich herbeigeführtes rächendes Geschick glauben machen? Alles andere als das! Vielmehr ist der zweite Vogelschwarm ja wahrscheinlich ein ganz anderer als der erste; kommt es zu dem verräterischen Ausruf des einen Mörders an den anderen offenbar unterm Druck seines schuldbeladenen Gewissens; erkennt das Publikum die Selbstentlarvung der Mörder, weil es durch das Theaterspiel mit dem schrecklichen Auftritt der Erinnyen emotional auf das Erkennen von Schuld eingestimmt ist!

Die Ballade stellt also die Verwirklichung von Gerechtigkeit nicht als Bestrafung durch eine höhere Instanz dar, sondern als *Leistung des Menschen*, und zwar der Mörder ebenso wie der Unschuldigen; eine Leistung, die sich in einer Reihe von ineinander greifenden Deutungen vollzieht. Und die letzte Sinndimension liegt in einer bezeichnend klassischen Wendung darin, dass es die *Kunst* ist, die Gerechtigkeit herbeiführt – nicht indem sie Moral predigt, sondern indem sie die moralische Instanz im Gemüt des Menschen erweckt. Schillers Ballade ist damit eigentlich eine Dichtung über die Gewalt von Dichtung.

Die Kunst führt die Gerechtigkeit herbei

> *Die klassische Balladendichtung, die in „Die Kraniche des Ibykus" eines ihrer Gipfelwerke hat, stellt in äußerst verdichtetem Zusammenspiel lyrischer, epischer und dramatischer Gestaltungselemente die Grundgedanken der Klassik anschaulich mit der Absicht der Wirkung auf ein breiteres Publikum dar.*

15 Schiller: *Nänie* – Kunst als Verewigung

Wie alles, was Schiller geschrieben hat, ist auch seine Lyrik von einem philosophisch reflektierenden Grundzug durchdrungen – ein Grund, warum sie heute, anders als die Erlebnislyrik Goethes, aus dem Bewusstsein des Lesepublikums so gut wie verschwunden ist.

Das Gedicht „*Nänie*" von 1799, eines der kürzesten unter Schillers Gedichten, mutet seinen Lesern gleichwohl umfangreiche Kenntnis antiker Mythologie zu:

Friedrich Schiller
Nänie (1799)

> Auch das Schöne muß sterben! Das Menschen und Götter bezwinget,
>   Nicht die eherne Brust rührt es des stygischen Zeus.
> Einmal nur erweichte die Liebe den Schattenbeherrscher,
>   Und an der Schwelle noch, streng, rief er zurück sein Geschenk.
> Nicht stillt Aphrodite dem schönen Knaben die Wunde,
>   Die in den zierlichen Leib grausam der Eber geritzt.
> Nicht errettet den göttlichen Held die unsterbliche Mutter,
>   Wenn er, am skäischen Tor fallend, sein Schicksal erfüllt.
> Aber sie steigt aus dem Meer mit allen Töchtern des Nereus,
>   Und die Klage hebt an um den verherrlichten Sohn.
> Siehe, da weinen die Götter, es weinen die Göttinnen alle,
>   Daß das Schöne vergeht, daß das Vollkommene stirbt.
> Auch ein Klaglied zu sein im Mund der Geliebten, ist herrlich,
>   Denn das Gemeine geht klanglos zum Orkus hinab.

Anspruch an den Leser: Kenntnis antiker Mythen und Figuren

Es beginnt mit dem Titel: „Nänie" (*nenia*) war im antiken Rom der Klagegesang, mit dem das Andenken Toter verherrlicht wurde. Dann die Flut der Anspielungen, die jeweils Todesfälle großer Gestalten aus den antiken Mythen heraufbeschwören: der „stygische Zeus" ist der Unterweltsgott Hades, der im Orpheus-Mythos Eurydike am Ende doch nicht freigibt; der „schöne Knabe" ist Adonis, von der Schönheitsgöttin Aphrodite geliebt, der auf der Jagd tödlich verletzt wird; der „göttliche Held" ist Achill, den seine Göttermutter Thetis im Kampf um Troja nicht retten kann, den sie aber mit den Nereiden (Meergöttinnen, Töchter des Nereus) beweint. All diese Zusammenhänge lässt das anspruchsvolle Gedicht nur anklingen, setzt also ihre Kenntnis beim Leser voraus!

Hat man das freilich verstanden, so schließen sich die heraufbeschworenen Urbilder zusammen zu einer mächtigen Antithese: Das „Schöne" ist ebenso wie das „Gemeine" (Gewöhnliche) dem Tod verfallen – aber im Gegensatz zu diesem lebt es doch weiter, weil sich die Klage zur Kunstform erhebt und damit – als „Nänie" – Unsterblichkeit im Bereich des Ästhetischen sichert.

Schiller: Nänie – Kunst als Verewigung

Es handelt sich bei dem Gedicht um eine *Elegie*. Darunter verstand man zunächst rein formal ein Gedicht aus *Distichen*, d.h. Verspaaren aus je einem *Hexameter* (6-hebiger daktylischer Vers mit Zäsur in der Mitte) und einem *Pentameter* (gleichfalls 6-hebiger Vers, jedoch ohne Senkungen vor der Zäsur und am Versende). In der Nachantike (und gerade bei Schiller; vgl. S. 32) ist dieser formale Begriff der Elegie einer inhaltlichen Festlegung auf Inhalte der Trauer und Klage gewichen, die schon seit der Spätantike mit der Form des Distichons verbunden wurden.

Schillers „*Nänie*" erfüllt als eines der vollendetsten Werke dieser Gattungsform beide Bestimmungen und nutzt meisterhaft die Gestaltungsmöglichkeiten des elegischen Versmaßes. Die neu ansetzenden und weiterstrebenden inhaltlichen Aussagen werden getragen vom Schwung des Hexameters („*A*ber sie *steigt* aus dem *Meer* ..." – „*Auch* ein *Klag*lied zu *sein* ..."), während die auf Tod und Untergang zielenden Aussagen vom Sog des abfallenden Tons der Pentameter-Schlüsse getroffen werden („*rief* er zu*rück* sein Ge*schenk*" – „*daß* das Voll*kom*mene *stirbt*"). Mit gesammelter Kraft verdichten sich die antithetischen Sprachgebärden im letzten Verspaar, wobei im Weiterschwingen des Hexameters das Weiterleben als Klagelied, im Abfallen des Pentameters das Verschwinden des „Gemeinen" suggestiv zum Ausdruck kommt. Die große Kunst von Schillers „*Nänie*" zeigt sich eben darin, dass in diesem äußerst kunstvollen Gedicht die überkommenen poetischen Formen der Antike nicht einfach übernommen, sondern zu geradezu expressiver Funktionalität erweckt werden.

Elegische Form: Distichon aus Hexameter und Pentameter

Ausdrucksvoller Gebrauch der vorgegebenen Form

> *Bei Schillers Gedicht „Nänie" handelt es sich um einen poetologischen Text, ein Gedicht über Dichtung. Im antiken Versmaß der Elegie (Distichen als Verspaare aus Hexameter und Pentameter) gibt der Dichter seine Sicht zu erkennen: zwar muss auch das Schöne sterben, doch in der Klage um das Vergangene überdauert es.*

16 Schiller: *Maria Stuart* – Freiheit und Geschichte

Schillers Sicht der Geschichte

Mit der Geschichte und dem Problem, wie sich der Mensch innerhalb ihrer Zwänge seine Freiheit bewahren kann, setzte sich Schiller schon in „Don Carlos" und „Wallenstein" auseinander. Dabei erscheint die Welt der Geschichte als grundsätzlich schuldbeladen, Freiheit ist nur als Austritt aus ihren unseligen Machtspielen zu erlangen.

Diese pessimistische Sicht verschärft sich noch in dem 1800 vollendeten Trauerspiel um die schottische Königin Maria Stuart, die nach dem Tod ihres ersten den Mörder ihres zweiten Gemahls heiratete, als Katholikin von den protestantischen Schotten vertrieben wurde und, nach England geflohen, gefangen gehalten und 1587 wegen Beteiligung an einer Verschwörung gegen Königin Elisabeth I. hingerichtet wurde.

Die Bühnenhandlung: Verzögerung und Beschleunigung

Schillers Trauerspiel setzt an einem Punkt der geschichtlichen Handlung ein, an dem Marias Urteil vom Gericht schon gesprochen ist und allenfalls noch Begnadigung durch die englische Königin zu erhoffen wäre. In außerordentlich kunstvollem Aufbau arrangiert Schiller die Handlung so, dass die Verstrickungen der Vergangenheit aus den aktuellen Auseinandersetzungen der Dramenfiguren für den Zuschauer deutlich werden. Dazu gehört für den Zuschauer der Blick auf die früheren Verfehlungen Marias ebenso wie die Einsicht in die Tatsache, dass Marias Hinrichtung aus der Interessenlage Elisabeths unausweichlich geboten erscheint. Die gesamte Bühnenhandlung stellt sich als ein raffiniertes Wechselspiel aus Verzögerung und Beschleunigung des bereits beschlossenen Todes der Maria Stuart dar, wobei die von dem glatten Höfling Lord Leicester und dem verliebten Schwärmer Mortimer aus letzten Endes eigensüchtigen Motiven ins Werk gesetzten Rettungsaktionen das unheilvolle Ende eher näher bringen als abwenden, wie andererseits von Elisabeths Beratern der einzig an der Staatsräson orientierte Burleigh das Ende vorantreibt und der Legalist Talbot mit seinen Bedenken zu spät kommt.

Die Hauptfiguren Maria und Elisabeth

Es ist ein Gemeinplatz des traditionellen Verständnisses der „Maria Stuart", dass Maria als überdimensionale Licht- und Opfergestalt erscheint und Elisabeth als missgünstiges Monstrum. Schiller hat in der Tat mancherlei Spuren gelegt, die eine solche Deutung nahe legen: Elisabeth erweist sich in der Gipfelszene des Werks, dem Auftritt III, 4, in dem die Königinnen aufeinander treffen und ihren Streit austragen, als ebenso gehässig wie – unterlegen; sie versucht die Verantwortung für Marias Tod in wenig königlicher Weise Untergebenen zuzuschieben; schließlich lässt Schiller alle die sie am Ende verlassen, die ihr etwas bedeuten, während der zum Schafott geführten Maria vielfache Zuwendung zuteil wird.

Weniger offensichtlich, aber mit genauem Kalkül gesetzt sind subtile Gegengewichte zu diesem Schwarz-Weiß-Klischee! Da ist etwa der merkwürdige Nachklapp, in dem sich Maria nach Beichte und Abschied vom Irdischen nochmals an Leicester wendet:

> „Lebt wohl, und wenn Ihr könnt, so lebt beglückt!
> Ihr durftet werben um zwei Königinnen;
> Ein zärtlich liebend Herz habt Ihr verschmäht,
> Verraten, um ein stolzes zu gewinnen:
> Kniet zu den Füßen der Elisabeth!
> Mög' Euer Lohn nicht Eure Strafe werden!
> Lebt wohl! – Jetzt hab ich nichts mehr auf der Erden!"

Friedrich Schiller
Maria Stuart (1800)
5. Aufzug, 9. Auftritt

Das klingt fast nach einem „Rückfall" – und noch der vorletzte Vers, den Maria vor dem Gang zum Tod spricht, ist eine unverhüllt boshafte Anspielung auf die wenig konkurrenzfähige Weiblichkeit der Rivalin.

Aber nicht nur Marias Engelreinheit weist gewisse Flecken auf. Auch die Gegenspielerin Elisabeth trägt Züge, die ihr Verhalten in die Nähe des Verständlichen und selbst einer tragischen Würde rücken. Ihre energische, am Einverständnis mit den Untertanen orientierte Führung der Staatsgeschäfte, die sich über traditionelles dynastisches Denken und vor allem weit über die zeitgemäße Rolle der Frau (im England des 16. Jahrhunderts wie in Schillers Zeit!) hinwegsetzt, ist als unverkennbar *fortschrittlich* mit Marias ständiger Berufung auf ihr Geburtsrecht kontrastiert, auch wenn diese Perspektive gegenüber dem persönlichen Konflikt scheinbar zurücksteht. In Wirklichkeit durchsetzen auch solche Argumentationen die große Auseinandersetzung der beiden Frauen!

Tragische Würde beider Hauptfiguren

Elisabeths Vereinsamung lässt sich jedenfalls *auch* als Preis für einen solchen unkonventionellen Lebensentwurf verstehen. So wie Maria – mit den beschriebenen Relativierungen – am Ende ihre Freiheit *jenseits* der Geschichte findet, indem sie den Tod als Sühne für ihre frühere Versündigung annimmt, nimmt Elisabeth die selbstgewählte Isolation *in* der Geschichte mit Würde auf sich, wie es die letzte Regieanweisung des Trauerspiels nach der Nachricht von Leicesters Flucht andeutet: *(Sie bezwingt sich und steht mit ruhiger Fassung da. Der Vorhang fällt.)*

Das Gegengewicht, das Schiller hier zu Ende noch eingefügt hat, macht deutlich: Es handelte sich nicht um ein Märtyrerspiel im Sinn des Barock (der Vergleich wurde häufig gezogen!), sondern um die Tragödie *zweier* Frauen im geschichtlichen Kräftespiel.

> *Schillers „Maria Stuart" ist in der differenzierten Darstellung der Figuren, in der konzentrierten Handlungsführung und in der Geschmeidigkeit des verwendeten Blankverses eines der repräsentativsten klassischen Geschichtsdramen.*

Goethe: *Natur und Kunst* – Freiheit im Gesetz

Goethe, für dessen lyrische Produktion in hohem Maß das Erlebnisgedicht repräsentativ ist, hat gleichwohl gerade in seiner klassischen Zeit auch Gedankenlyrik geschrieben, also seine Auffassung der Welt und seine künstlerischen Überzeugungen in Gedichtform gebracht. Eines der zentralen Dokumente klassischer Ästhetik ist das 1802 in ein Vorspiel zur Eröffnung des Theaters in Bad Lauchstädt eingefügte Gedicht „Natur und Kunst":

J. W. Goethe
Natur und Kunst (1802)

> Natur und Kunst, sie scheinen sich zu fliehen
> Und haben sich, eh' man es denkt, gefunden;
> Der Widerwille ist auch mir verschwunden,
> Und beide scheinen gleich mich anzuziehen.
>
> Es gilt wohl nur ein redliches Bemühen!
> Und wenn wir erst in abgemeßnen Stunden
> Mit Geist und Fleiß uns an die Kunst gebunden,
> Mag frei Natur im Herzen wieder glühen.
>
> So ist's mit aller Bildung auch beschaffen:
> Vergebens werden ungebundne Geister
> Nach der Vollendung reiner Höhe streben.
>
> Wer Großes will, muß sich zusammenraffen;
> In der Beschränkung zeigt sich erst der Meister,
> Und das Gesetz nur kann uns Freiheit geben.

Beschränkung ist notwendig

Funktionale Nutzung der traditionellen Form des Sonetts

Das Gedicht weist die traditionelle Form des Sonetts auf und bezeugt schon dadurch den Willen zur Eingliederung in eine vorgegebene formale Regel: Zweigliedrigkeit und verknappende Zuspitzung.

In seiner dialektisch geführten, kunstvoll zuspitzenden Darstellung der Überwindung des Gegensatzes von Natur und Kunst bis hin zu der programmatischen Formulierung des letzten Verses mit seiner scheinbaren (in Wahrheit durch den Gedankengang des Gedichts aufgelösten!) Paradoxie spricht das Sonett eine klassische Grundüberzeugung aus – und verwirklicht sie zugleich in der formalen Gestaltung, wobei die durchgängige Deckung von Vers- und Satzordnung zum Eindruck gemeißelter Monumentalität führt.

> *Die Anschauung, dass Gesetz nicht äußeren Zwang, sondern innere Verpflichtung, und Natur nicht Willkür, sondern Inbegriff der Gesetzlichkeit ist, unter der der Mensch steht, gehört zum Kern des klassischen Gedankenguts.*

18 Goethe: *Faust* – Der strebende Mensch

Der Wille zu klarer Form, zu symbolisch reduzierter Modellhaftigkeit, zur Vollendung in Maß und Beschränkung, zum Typischen und Allgemeingültigen setzt der Weltfülle der klassischen Werke Schranken, führt zur stilistischen Verengung auf strenge Rituale und zu weitgehendem Verzicht auf realistische Lebensnähe. Für Goethe und Schiller ist eine solche konsequente Stilisierung aber eher eine experimentelle Grenzposition als eine dauerhafte Äußerungsform. Gerade ihre großen dramatischen Hauptwerke „Faust" und „Wallenstein" überschreiten die klassische Stilwelt entschieden. Zwar herrscht auch hier in ganzen Passagen äußerste symbolische Verdichtung – aber sie verbindet sich mit großer Breite und Vielfalt des gezeigten Weltausschnitts, auch mit Spielfreude, so dass die Anschauung nicht bloß Einkleidung einer Ideenkonstruktion ist. Daher die gewaltigen Dimensionen beider Werke, daher aber auch ihre Rätselhaftigkeit bis heute. Goethe selbst hat sich im Alter (in einem Gespräch mit Eckermann vom 6. Mai 1827) gegen die Deutungswut der Zeitgenossen gewehrt:

„Faust" und „Wallenstein" als stilistisch komplexe Werke

> „Da kommen sie und fragen, welche Idee ich in meinem „Faust" zu verkörpern gesucht. Als ob ich das selber wüßte und aussprechen könnte! Vom Himmel durch die Welt zur Hölle, das wäre zur Not etwas; aber das ist keine Idee, sondern Gang der Handlung. Und ferner, daß der Teufel die Wette verliert, und daß ein aus schweren Verirrungen immerfort zum Bessern aufstrebender Mensch zu erlösen sei, das ist zwar ein wirksamer, manches erklärender guter Gedanke, aber es ist keine Idee, die dem Ganzen und jeder einzelnen Szene im besonderen zugrunde liege. Es hätte auch in der Tat ein schönes Ding werden müssen, wenn ich ein so reiches, buntes und mannigfaltiges Leben, wie es im ‚Faust' zur Anschauung gebracht, auf die magere Schnur einer einzigen durchgehenden Idee hätte reihen wollen! (...) Vielmehr bin ich der Meinung: je inkommensurabler und für den Verstand unfaßlicher eine poetische Produktion, desto besser."

Goethes Misstrauen gegen Deutungen

Die von Goethe betonte „Mannigfaltigkeit" der Dichtung ist bereits in der einzigartigen *Entstehungsgeschichte* angelegt: Seit 1774 hat Goethe am I. Teil des Werks geschrieben; eine frühe Fassung („*Urfaust*"), die den Textstand um 1776 wiedergibt, wurde erst 1887 in Abschrift aufgefunden; die erste Veröffentlichung von Teilen des I. Teils erschien 1790; 1808 wurde der I. Teil fast komplett gedruckt; 1828/29 in Goethes Werkausgabe letzter Hand erschien dann der I. Teil geringfügig erweitert und gefolgt vom Beginn des 1. Akts des II. Teils. Die restlichen vier Akte entstanden im Wesentlichen 1825 – 1831; Goethe bezeichnete diese Arbeit mehrfach als „Hauptgeschäft" seiner letzten Jahre und siegelte das fertige Manuskript im Sommer 1831 ein, da er es nicht mehr zu Lebzeiten veröffentlichen wollte. Fast sechs Jahrzehnte Schaffenszeit sind also – mit langen Pausen – in den „Faust" eingegangen. Das bedeutet: In den beiden Teilen des „Faust" sind sämtliche Schaffensperioden Goethes aufgehoben. Motive (z.B. Kindesmord), Dramenform (z.B. Reihung von Kurzszenen) und Sprache (z.B.

Entstehungsgeschichte des „Faust"

hyperbolischer Stil) des Sturm und Drang prägen weithin den I. Teil; der II. Teil enthält viele Elemente der klassischen Vorstellungswelt (etwa im 3. Akt mit der Heraufbeschwörung der antiken Helena; vgl. S. 28) in gebundener Sprachform, aber im V. Akt auch schon eine Auseinandersetzung mit der heraufziehenden technisch-industriellen Epoche.

Das alles steht nun nicht beziehungslos nebeneinander. Goethes Faust-Dichtung ist sehr wohl ein sinnvolles Ganzes, dessen einzelne Teile in übergreifenden Sinn- und Formzusammenhängen stehen. Klassischer Strukturwille ist durch Reichtum und Verschiedenartigkeit der Teile nicht etwa ausgesetzt, sondern gerade aufs Äußerste gefordert. Goethe hat zahllose tiefsinnige Entsprechungen und Kontraste eingearbeitet. Vom Reichtum dieses dichten Beziehungsnetzes, das die ganze Dichtung durchzieht, kann hier freilich nur andeutungsweise etwas gezeigt werden.

„Prolog im Himmel": Mensch als Tier oder als vervollkommnungsfähiges Wesen?

Eine mächtige Klammer, die um die ganze Dichtung gelegt ist, kommt im *„Prolog im Himmel"* zur Darstellung, die dem I. Teil des *„Faust"* vorausgeht. Hier kommt es nach biblischem Vorbild aus dem Buch Hiob zur Wette zwischen Gott und der Teufelsfigur Mephistopheles: Wird Faust, der dem Herrn jetzt „nur verworren dient", zur „Klarheit" finden – oder wird es dem Teufel gelingen, ihn auf seinen Weg zu leiten? Bei dieser Wette geht es um nicht weniger als das *Bild des Menschen*. Für Gott gilt:

> „Ein guter Mensch, in seinem dunklen Drange,
> Ist sich des rechten Weges wohl bewußt."

Dagegen spricht Mephistopheles dem Menschen die Fähigkeit zur Vervollkommnung ab und vergleicht ihn mit dem Tier; er scheint ihm

> „Wie eine der langbeinigen Zikaden,
> Die immer fliegt und fliegend springt
> Und gleich im Gras ihr altes Liedchen singt."

Diese fundamentale Streitfrage – Kann der Mensch über sich hinauswachsen oder bleibt er in seiner Unvollkommenheit stecken? – durchzieht nun beide Teile der Faust-Dichtung. Sie bestimmt beispielsweise die Gattungsproblematik des Werks. Goethe hat den *„Faust"* als *Tragödie* bezeichnet, an vielen Stellen jedoch ausgesprochene Komödienwendungen eingebaut (in allen Szenen mit der Kupplerin Marthe usw.). Das Umfassende des komplexen Werks bestätigt sich also auch auf der Gattungsebene, und der Streit zwischen Gott und dem Teufel geht auf dieser Ebene im Grund darum, ob der Mensch in die Tragödie gehört, die ihn als Überwinder seiner selbst zeigt, oder in die Komödie, die ihn als Mängelwesen darstellt. Zugespitzt: Die Wette geht darum, ob das beginnende Schauspiel eine Tragödie oder eine Komödie werden wird ...

„Faust" zwischen Komödie und Tragödie

Aus dieser *Doppelperspektive* – die ja auch eine sehr anspruchsvolle Herausforderung für jede Inszenierung darstellt – entschlüsseln sich zahlreiche Szenen des riesigen Werks, indem sie aufeinander verweisen. Zwei Szenen seien herausgegriffen. In der Szene „*Nacht*" zu Beginn des I. Teils gelingt es Faust für kurze Zeit, den Erdgeist zu beschwören. Mit sprachlichen Mitteln wird die Begegnung zwischen dem in sich ruhenden Geist und dem über sich hinauswollenden Menschen suggestiv gestaltet:

> Geist: In Lebensfluten, im Tatensturm
> Wall' ich auf und ab,
> Wehe hin und her!
> Geburt und Grab,
> Ein ewiges Meer,
> Ein wechselnd Weben,
> Ein glühend Leben,
> So schaff' ich am sausenden Webstuhl der Zeit,
> Und wirke der Gottheit lebendiges Kleid.
> Faust: Der du die weite Welt umschweifst,
> Geschäftiger Geist,
> Wie nah fühl' ich mich dir!

J. W. Goethe
Faust, I. Teil, Szene „Nacht"

Sprache und Geist des Sturm und Drang

Spricht der Erdgeist seine archaische Kraft in den kurzen freirhythmischen Versen der Sturm-und-Drang-Zeit und im großen Atem seiner Daktylen aus („So schaff' ich ..."), so setzt Faust viel „spitzere", gleichsam immer neu von unten nach oben stoßende Jamben dagegen („Der *du* die *wei*te *Welt*..."). Der immer neue Anlauf der „langbeinigen Zikaden" – oder aber, aus dem anderen Blickwinkel, das immer neu „strebende Bemühen" werden hier förmlich Klang! Die Szene endet damit, dass der Geist sich Faust – der seinen Anblick kaum erträgt – wieder entzieht.

Johann Wolfgang von Goethe
Erscheinung des Erdgeistes Bleistift, um 1812

Goethe gibt der Erscheinung des Erdgeistes in der Zeichnung menschliche Züge, aber überdimensionale Größe – wie in der Versprache ein Aufeinandertreffen zweier Seinsweisen

In Entsprechung und Kontrast dazu steht die Szene „Anmutige Gegend" aus dem 1. Akt des II. Teils. Der aus dem Erschütterungen der Gretchentragödie erwachende Faust erlebt den Übergang aus dem nächtlichen „Dämmerschein" zur Klarheit des Tages:

J. W. Goethe
Faust, II. Teil, Szene „Anmutige Gegend"
(1. Akt)

> „Hinaufgeschaut! – Der Berge Gipfelriesen
> Verkünden schon die feierlichste Stunde,
> Sie dürfen früh des ewigen Lichts genießen
> Das später sich zu uns hernieder wendet.
> Jetzt zu der Alpe grüngesenkten Wiesen
> Wird neuer Glanz und Deutlichkeit gespendet,
> Und stufenweis herab ist es gelungen; –
> Sie tritt hervor! – und, leider schon geblendet,
> Kehr' ich mich weg, vom Augenschmerz durchdrungen.
>
> (...)
>
> So bleibe denn die Sonne mir im Rücken!
> Der Wassersturz, das Felsenriff durchbrausend,
> Ihn schau ich an mit wachsendem Entzücken.
> Von Sturz zu Sturzen wälzt er jetzt in tausend
> Dann abertausend Strömen sich ergießend,
> Hoch in die Lüfte Schaum an Schäume sausend.
> Allein wie herrlich diesem Sturm entsprießend
> Wölbt sich des bunten Bogens Wechsel-Dauer
> Bald rein gezeichnet, bald in Luft zerfließend,
> Umher verbreitend duftig kühle Schauer.
> D e r spiegelt ab das menschliche Bestreben.
> Ihm sinne nach und du begreifst genauer:
> Am farbigen Abglanz haben wir das Leben."

Sprache und Geist der Klassik

Wie in der Erdgeist-Szene die Flammenvision, so hält Faust hier den Anblick der aufgehenden Sonne nicht aus. Aber jetzt stürzt er nicht mehr in Verzweiflung zusammen; er verzichtet vielmehr einsichtsvoll auf den *direkten* Zugriff auf das Weltganze, der dem Menschen nicht gegeben ist, und bescheidet sich mit dem „farbigen Abglanz". Eine bezeichnend klassische Wendung! Sie zeigt ein gereiftes Verhältnis (Fausts *und* Goethes!) zur Welt und bedeutet zwar Verzicht, aber keineswegs *nur* Resignation: Der „Abglanz" ist zwar nicht das Urbild, aber er geht von diesem aus, enthält es als sein Symbol und bedeutet so letzten Endes doch eine (eben die dem Menschen mögliche) Teilhabe am Weltganzen. Goethe hat in diesem ungeheuer dichten Text den großen Naturerscheinungen Sonne und Regenbogen symbolische Funktion gegeben, indem er sie durchsichtig macht auf ihre höhere Bedeutung. Der in der Bildebene völlig plausible und sehr poetisch geschilderte Vorgang, dass der Mensch den Anblick der Sonne nicht aushält, ihr Wirken aber in den von ihrem Licht erzeugten Farben der

Symbolik: der äußere Vorgang (Abwendung von der Sonne) steht für den inneren (Einsicht in eigene Beschränkung)

irdischen Welt erkennt und im Regenbogen genießen kann, verweist auf das zugrunde liegende Lebensgesetz und lädt sich so mit tieferem, eben symbolischem Sinn auf. Dies wird unterstrichen durch die feierliche Versform: Es handelt sich um fünfhebige Jamben, die aber anders als beim Blankvers (vgl. S. 16 f.) gereimt sind, und zwar in der strengen und kunstvoll verketteten Form der Terzine (Reimschema: aba bcb cdc usw.), die nach Goethe einen „großen reichen Stoff" verlangt.

Goethes *„Faust"* gilt traditionell als das vielschichtigste und am heftigsten umrätselte Werk der deutschen Literatur und als ein, wenn nicht das Gipfelwerk der klassischen Zeit. Zu seinem Reichtum gehört, dass es sich nicht auf klassische Themen, Gestaltungs- und Sprachformen beschränkt, sondern sie in ein größeres Ganzes integriert. Zu seinen Geheimnissen gehört aber auch, dass die Ernsthaftigkeit gerade der eingefügten *klassischen* Elemente gar nicht sicher ist. Wenn Faust im 3. Akt des II. Teils die antike Helena heraufbeschwört und in den Reimen der Wechselrede und in der Zeugung des gemeinsamen Sohns Euphorion so etwas wie eine Verschmelzung zweier Welten entsteht, so sind dabei Signale ironischer Distanzierung gesetzt. Ort der Szene ist ein „Innerer Burghof umgeben von reichen phantastischen Gebäuden des Mittelalters", also ein welt-entrücktes Refugium der Innerlichkeit. Helenas Bleiben ist nicht von Dauer, Euphorion stürzt sich zu Tod. Dem alten Goethe schwebte wohl keine ernsthafte Utopie einer Wiedererweckung antiken Geistes vor, sondern eher ein phantastisches und satirisches Spiel mit antiken Figuren und Requisiten.

Klassische Figuren im II. Teil des „Faust" – zwischen utopischem Ernst und satirischem Spiel

> *Goethes „Faust" gestaltet grundlegende Themen der Klassik (z.B. Vervollkommnung des Menschen – Begegnung mit der Antike) und enthält eine Fülle klassischer Gestaltungsformen (z.B. antike Versmaße), integriert diese jedoch in ein umfassendes Sinn- und Formgebilde, das auch Elemente anderer Epochen (von der Aufklärung bis zur Romantik) und Gestaltungsweisen (z.B. offene Form des Sturm-und-Drang-Dramas) enthält. Größe und Bedeutungsfülle des Werks ergeben sich daraus, dass diese verschiedenen Elemente nicht additiv neben einander gestellt sind, sondern auf einander verweisen und dadurch besondere Ausdruckskraft in einem gestuften Ganzen erhalten.*

19 Rezeption der Klassik

Vielsträngigkeit der Literatur um 1800

Das Schaffen der klassischen Autoren war niemals in dem umfassenden Sinn Ausdruck einer repräsentativen Zeittendenz (vgl. S. 4), wie das für die Autoren des Barock oder der Aufklärung gilt. Inmitten des vielsträngigen Geflechts der Literatur um 1800, die *noch* von aufklärerischen Tendenzen, *schon* von der sich gerade etablierenden Romantik, vor allem aber auch von einer Flut trivialer Produktionen (etwa der beliebten Komödien des August von Kotzebue) geprägt war, wurde es durch die Zeitgenossen sehr differenziert aufgenommen und bewertet.

Zwiespältige Einstellung der Romantik zu Goethe und Schiller

Zwiespältig ist die Einstellung der Romantiker zu Goethe und Schiller. Die Romantiker teilen ja die klassische Grundüberzeugung, dass die Existenz des Menschen über irdische Dimensionen hinausweist. Für die Klassik ist aber die Beschränktheit des diesseitigen Wirkens letzten Endes doch hinzunehmen, weil sie symbolisch auf eine höhere Welt verweist – Wilhelm Meisters Wendung vom Theaterkünstler zum Kaufmann, Fausts Weg vom Welt*erklärer* zum Welt*gestalter* sind so zu verstehen. Dagegen führen die Fantasiespiele der Romantiker zum Übergang des Menschen ins Jenseits, wo er je nachdem seine Seligkeit (so E.T.A. Hoffmanns Anselmus im „*Goldnen Topf*") oder sein Verderben (so Tiecks Jäger Christian im „*Runenberg*") findet.

Schiller-Begeisterung in der Zeit der Freiheitskriege

In der Zeit der Freiheitskriege kommt es zu einer Welle der Schiller-Begeisterung, die sich durch das 19. Jahrhundert erhält und in Zeiten des Nationalismus - also von der Reichsgründung 1871 bis zum Ende des Kaiserreichs 1918 – dazu führt, dass Schiller als der *politische* Kopf unter den Klassikern teils als „Freiheitsdichter" in einem äußerlichen Sinn missverstanden und in Anspruch genommen wird. Vor allem im demokratisch-kämpferischen Vormärz der Jahre bis 1848 wird dagegen Goethe, dessen Leben ja noch in diese Zeit hineinreicht, zwar mit einer gewissen Befangenheit als der schon historisch gewordene große Autor respektiert, stößt wegen seiner apolitischen und eher restaurativen Tendenzen aber zunehmend auf Vorbehalte. Ludwig Börne, 1829:

Vorbehalte gegen Goethe im Vormärz

> „Ich hasse ihn nicht, aber er ist der König alles dessen, was ich hasse..."

Systematisiert zu einer grundsätzlichen Kritik der Klassik wird das, was bei Heine, Börne und Grabbe noch stark auf der Ebene eines gefühlshaften Unbehagens bleibt, dann durch die entstehende marxistische Theorie, und zwar am prägnantesten 1847 durch Friedrich Engels, der über Goethe schreibt:

> „.... es ist ein fortwährender Kampf in ihm zwischen dem genialen Dichter, den die Misère seiner Umgebung anekelt, und dem behutsamen Frankfurter Ratsherrenkind, resp. Weimarschen Geheimrat, der sich genötigt sieht, Waffenstillstand mit ihr zu schließen und sich an sie zu gewöhnen. So ist Goethe bald kolossal, bald kleinlich; bald trotziges, spottendes, weltverachtendes Genie, bald rücksichtsvoller, genügsamer, enger Philister. Auch

Goethe war nicht imstande, die deutsche Misère zu besiegen; im Gegenteil, sie besiegt ihn ..."

Wenn Engels in seiner Rezension eines Goethe-Buchs schließlich wenige Zeilen später die idealistische Wendung der Klassiker inmitten der trostlosen deutschen Wirklichkeit als die „Vertauschung der platten mit der überschwenglichen Misère" bezeichnet, ist damit eine ebenso boshafte wie einprägsame Formel für die marxistische Kritik an der klassischen Literatur gefunden, wie sie sich durch die gesamte gesellschaftskritische Tradition der Literaturkritik fortsetzt, von Georg Büchner bis hin zu Bertolt Brecht. Der Vorwurf macht sich immer wieder an dem spätfeudalen Standort Goethes und Schillers, Herders und Wielands mitten in einer Zeit wachsender bürgerlicher Emanzipation fest; manche Kritiker (etwa Hans Mayer) gehen so weit, aus dem Werk der damals eliminierten J.M.R. Lenz, Karl Philipp Moritz und anderer Autoren eine virtuelle „Gegenklassik" zu konstruieren.

Begründung der marxistischen Kritik an der Klassik

Im offiziellen Deutschland des 19. und weithin noch des 20. Jahrhunderts bleibt das eine oppositionelle Sichtweise. Zentral wird dagegen ein wahrer Kult der Klassiker, vom subtilen Schminkbild aus dem Kitschkämmerchen des deutschen Gemüts bis zu groben Verfälschungen, geprägt vom Bedürfnis nach Verehrung und Verklärung, zeitweise auch förmlich in Gold gefasst von einer auf nationale Heroisierung bedachten Literaturgeschichtsschreibung, immer neu epidemisch ausbrechend in den Jubiläen von Goethes und Schillers Todesjahren. Wer immer sich dem Werk der Klassiker nähern will, tut gut daran, sich abseits solcher modischen Events an die Werke selbst zu halten. Es gibt dabei viel zu entdecken.

Klassikerkult des 19. und 20. Jahrhunderts

> *Über die Bewertung der deutschen Klassik ist bis heute keine Einigkeit hergestellt. Aus konservativer Position erscheint sie als zeitlos gültiger Gipfel der deutschen Literatur; kritische Autoren relativieren ihre Bedeutung wegen ihrer Distanz zur damaligen deutschen Realität, weisen aber auch auf die von der offiziellen Klassikerverehrung oft übergangenen kritischen Untertöne in Einstellung und Werken der Klassiker hin.*

Zeitleiste

	Goethe	Schiller
1773	Götz von Berlichingen	
1774	Die Leiden des jungen Werthers Clavigo	
1775	Faust (Urfassung)	
1776	Wanderers Nachtlied	
1781		Die Räuber (Uraufführung 1782)
1782		Anthologie auf das Jahr 1782
1784		Kabale und Liebe
1785		An die Freude (Ode)
1787	Iphigenie auf Tauris (Versfassung)	Don Carlos (Trauerspiel)
1788	Egmont	Die Götter Griechenlands (Gedicht)
1789	Torquato Tasso	
1790	Faust, ein Fragment	
1794	Reineke Fuchs	
1795	Römische Elegien	Der Spaziergang (Elegie)
		Das Ideal und das Leben (Gedicht)
1796	Wilhelm Meisters Lehrjahre 1795–96	
1797	Hermann und Dorothea (Versepos)	Über naive und sentimentalische Dichtung
1798	Die Metamorphose der Pflanzen (Elegie)	Wallenstein (Trilogie 1798–1799)
1799		Nänie
1800		Maria Stuart
1801		Die Jungfrau von Orleans
1802	Natur und Kunst (Sonett)	
1803	Dauer im Wechsel (Gedicht)	Die Braut von Messina
1804		Wilhelm Tell
1805		Demetrius
1808	Faust. Der Tragödie erster Teil	
1809	Die Wahlverwandtschaften (Roman)	
1810	Farbenlehre	
1811	Aus meinem Leben. Dichtung und Wahrheit 1811–31	
1817	Regeln für Schauspieler	
1819	West-östlicher Divan (Gedichtsammlung)	
1823	Trilogie der Leidenschaft	
1828	Novelle	
1829	Vermächtnis (Gedicht)	
1833	Faust. Der Tragödie zweiter Teil (postum)	

Künste und Philosophie	Zeitgeschehen
Winckelmann: Gedanken über die Nachahmung der Griechischen Werke... 1755	Siebenjähriger Krieg 1756–1763
Wieland: Geschichte des Agathon 1764	Erfindung der Dampfmaschine
Winckelmann: Geschichte der Kunst des Altertums 1764	(J. Watt 1769)
Lessing: Laokoon 1766	
Lessing: Nathan der Weise 1779	Amerikanischer Unabhängigkeitskrieg 1775–1783
Kant: Kritik der reinen Vernunft 1781	Reformen Josephs II. 1781
Mozart: Die Entführung aus dem Serail 1782	
Herder: Ideen zur Philosophie der Geschichte der Menschheit 1784/91	
Mozart: Le Nozze di Figaro 1786	Halsbandaffäre 1785
Mozart: Don Giovanni 1787	
Kant: Kritik der praktischen Vernunft 1788	Französische Revolution
C.G. Langhans: Brandenburger Tor 1788–1791	– Sturm auf die Bastille 14.7.89
Kant: Kritik der Urteilskraft 1790	– Hinrichtung Ludwigs XVI. 21.1.93
Mozart: Die Zauberflöte 1791	– Terrorherrschaft in Paris 1793–1794
Herder: Briefe zur Beförderung der Humanität 1793/97	– Sturz Robespierres 27.7.94
W.v. Humboldt: Theorie der Bildung des Menschen 1793	Erstes Dampf-Walzwerk in England 1790
Hölderlin: Hymnen/Elegien 1793	
Hölderlin: Hyperion 1797/99	Staatsstreich Napoleons 1799
Novalis: Heinrich von Ofterdingen 1802	Kaiserkrönung Napoleons 1804
Beethoven: Sinfonie Nr. 3 „Eroica" 1804	Gründung des Rheinbunds 1806
Arnim/Brentano: Des Knaben Wunderhorn 1806/08	Ende des Heiligen Römischen Reichs 1806
	Stein'sche Reformen in Preußen ab 1807
Hegel: Phänomenologie des Geistes 1807	Abstammungslehre (Lamarck 1809)
Kleist: Amphitryon 1807	Erfindung des elektrischen Telegraphen 1809
Beethoven: Sinfonie Nr. 5 1808	
Kleist: Der zerbrochne Krug 1808	
Kleist: Penthesilea 1808	
C.D. Friedrich: Der Mönch am Meer 1808–1810	
	Begründung der Berliner Universität 1810
Kleist: Prinz Friedrich von Homburg 1810	Napoleons Russlandfeldzug 1812
Beethoven: Fidelio 1814	Deutsche Befreiungskriege 1813–1814
Schinkel: Neue Wache in Berlin 1816–1818	Wiener Kongress 1814–1815
Schinkel: Berliner Schauspielhaus 1818–1821	Wartburgfest der deutschen Studenten 1817
Beethoven: Sinfonie Nr. 9 mit Schlusschor „An die Freude" von Schiller 1825	
Eichendorff: Aus dem Leben eines Taugenichts 1826	Erste Eisenbahnlinie in England 1825
	Junirevolution in Paris 1830

Literaturhinweise

Verzeichnet werden gut lesbare und anschaulich illustrierte Werke, die zu einer vertieften Orientierung helfen können, ferner zwei Werke der produktiven Rezeption, in denen sich moderne Autoren dem Autor Goethe auf fiktive und amüsante Weise nähern.

Autoren und Werke:
Goethe: Sein Leben in Bildern und Texten. Hg. Christoph Michel (insel taschenbuch 1000), Frankfurt/M., Insel 1987
Friedenthal, Richard: Goethe. Sein Leben und seine Zeit (Serie Piper), München, Piper, 2. Auflage 1999
Schillers Leben und Werk in Daten und Bildern. Hg. Bernhard Zeller und Walter Scheffler, Frankfurt/M., Insel 1977
Ueding, Gert: Friedrich Schiller (Beck'sche Reihe Autoren), München, Beck 1990
Schmidt, Jochen: Goethes Faust. Erster und zweiter Teil. Grundlagen – Werk – Wirkung. München, Beck 1999

Epochenporträts:
Borchmeyer, Dieter: Weimarer Klassik. Portrait einer Epoche. Studienausgabe. Weinheim, Beltz Athenäum 1998
Wiederholte Spiegelungen. Weimarer Klassik 1759 – 1832. Ständige Ausstellung des Goethe-Nationalmuseums. 2 Bde. Hg. Gerhard Schuster, Caroline Gille. München/Wien, Hanser 1999
Lindenhahn, Reinhard: Weimarer Klassik. Texte – Übungen (Arbeitsheft zur Literaturgeschichte). Berlin, Cornelsen 1996
Müller, Udo: Klassik. 22 Arbeitsblätter mit didaktisch-methodischen Kommentaren. Sekundarstufe II. Stuttgart, Klett 1998 (auch als CD-ROM erschienen; Best.Nr.: 9299)
Schlaffer, Hannelore: Klassik und Romantik 1770 – 1830. (Epochen der deutschen Literatur in Bildern). Stuttgart, Kröner 1986

Produktive Rezeption:
Mann, Thomas: Lotte in Weimar. Roman (Fischer-Tb. 9432). Frankfurt/M., Fischer 1990
Ortheil, Hanns-Josef: Faustinas Küsse. Roman (Fischer-Tb. 72476). Luchterhand 1998

Bildquellenverzeichnis

Umschlag: Stiftung Weimarer Klassik/Goethe Nationalmuseum; S. 8 © corbis/Picture Press, Hamburg; S. 9 © Kunstsammlungen zu Weimar; S. 10 bpk, Berlin; S. 11 Rheinisches Bildarchiv, Köln; S. 13 links: AKG, Berlin; rechts: Vorarlberger Landesmuseum, Bregenz; S. 15 links: bpk, Berlin; rechts: ullstein bild, Berlin; S. 21 Öffentliche Kunstsammlung Basel, Kupferstichkabinett; S. 25/27/28 Stiftung Weimarer Klassik/Goethe Nationalmuseum; S. 37 Schiller Nationalmuseum, Deutsches Literaturarchiv, Marbach; S. 39 AKG, Berlin; S. 40 oben: Stiftung Weimarer Klassik; unten: AKG, Berlin; S. 41 oben: © corbis/Picture Press, Hamburg; unten: Schiller Nationalmuseum, Deutsches Literaturarchiv, Marbach; S. 42 bpk, Berlin; S. 45 F. Rehberg, aus: Hannelore Schlaffer, Klassik und Romantik, Kröner Verlag, Stuttgart; S. 46 Schiller Nationalmuseum, Deutsches Literaturarchiv, Marbach; S. 57 Stiftung Weimarer Klassik